丁超 著

京居住文化简史

中国地图出版社 · 北京

图书在版编目（CIP）数据

北京居住文化简史 ／ 丁超著 ． —— 北京 ： 中国地图
出版社，2022.6（2023.7 重印）
ISBN 978-7-5204-2744-9

Ⅰ．①北… Ⅱ．①丁… Ⅲ．①居住文化 - 文化史 - 北
京 Ⅳ．① K892.25

中国版本图书馆 CIP 数据核字 (2022) 第 006682 号

BEIJING JUZHU WENHUA JIANSHI
北京居住文化简史

出版发行	中国地图出版社	邮政编码	100054
社　　址	北京市西城区白纸坊西街 3 号	网　　址	www.sinomaps.com
电　　话	010-83490076　83495213	经　　销	新华书店
印　　刷	保定市铭泰达印刷有限公司	印　　张	6.5
成品规格	145 mm × 210 mm		
版　　次	2022 年 6 月第 1 版	印　　次	2023 年 7 月河北第 2 次印刷
定　　价	28.00 元		
书　　号	ISBN 978-7-5204-2744-9		

如有印装质量问题，请与我社联系调换

写在前面的话

"国以民为本，民以食为天"，此话不假。俗语云，"嫁汉嫁汉，穿衣吃饭""娶妻娶妻，烧饭洗衣"。现如今，人们解决了温饱问题，接下来要考虑的，十有八九是房子。

无论古今，不分中外，人要活得舒坦，光吃饱、穿暖，远远不够。没有一个安稳的家，没有一处遮风避雨的房子，即便是锦衣玉食，也难免漂泊之苦，甚至"累累若丧家之狗"。唐代大诗人杜甫就曾为了住房而满腹愁怨。他的理想之一是"安得广厦千万间，大庇天下寒士俱欢颜"（《茅屋为秋风所破歌》）。简单来说，就是解决住房问题，不必再担忧茅屋被秋风吹破。

老百姓居家过日子，没有那么多诗情画意，操心的无非是柴米油盐酱醋茶。可是，一旦离开了属于自己的金窝、银窝甚至"狗窝"，生活琐事的操办就处处犯难。"在家千日好，出门一时难"，讲的就是这个道理。住所对于老百姓生存、生活的重要性，不言而喻。

民俗学大家钟敬文先生说："民居是一种为人们生活所迫切需要的人工产物，因此，它也就是人类最基本的一种文化。像一切社会文化事物一样，现在的民居，也是一种历史进化的产物……它是一种最实用的文化（此外还有衣服、食物、交通等），任何人群都不能缺少的。"诚哉斯言!

居住历来具有实用性、艺术性、伦理性甚至宗教性,再加上北京独有的地方性和长久的历史性,就形成了北京居住文化。

居住是文化的基本组成部分之一,北京居住文化就是北京人传承与创造的北京文化的基本组成部分之一。讲述北京居住文化,也就是以居住为切入点来考察北京历史,品味京味文化。

随着历史进程的发展,北京居住文化呈现出不同的时代特征,形成了独特的地域色彩。北京有800多年的建都史、3000多年的建城史,人类在此活动的历史更是长达数十万年。仅靠这本小书,无法对北京居住文化的内容、类型和演变过程做一个面面俱到、细大不捐的梳理。所以,笔者退而求其次,将其定位为

"北京居住文化简史"，不是通史、全史，更不是大全、集成。而且，这也不是一本板起脸说教的学术著作或教材，读者自然也不必苛求什么"学术史回顾"以及注释的规范、齐备。

简单说来，这本书只是列举北京居住文化发展历程中的若干关键环节和专题要素，以此彰显历史底蕴，发掘文化内涵。

目 录

第一篇
北京居住文化简史的关键点

第二篇
闭合的空间，丰富的内涵——北京四合院概说

第三篇
北京名人故居

第四篇
客居北京

第五篇
北京居住民俗

第六篇
北京居住文化拾遗

北京居住文化简史

第一篇
北京居住文化简史的关键点

> 居住文化是人类创造的。北京有了人，居住文化的历史篇章也就掀开了。
>
> 这一篇章，不是四平八稳的流水账，而是若干具有转折或创新意义的关键点，它们带来了不同的文化基因，形成了具备多元文化特质的北京居住文化。

一、周口店天然洞穴

最早的人类可能出现在三四百万年前，那时候的北京还是一片蛮荒。约 70 万年前，古人类的脚步踏上了这片土地。手无寸铁、"衣"不蔽体的古人类，只能住进天然洞穴。

周口店遗址的石灰岩洞穴，是目前所知北

京地区人类最早的栖身之所。古人类学家贾兰坡将之称为北京人的"故居"，我们也不妨将这里视为北京居住文化的摇篮。

遗址位于房山区周口店镇龙骨山下，俯瞰沃野，又有周口店河流过。这是一个不同生态类型交错的过渡带，山林有野兽，河里有鱼虾，随处是可以采食的植物，古人类能在此获取丰富的生存资源。

考古工作者发现，从距今约70万年到距今约2万年，这里居住着北京猿人、新洞人、山顶洞人和田园洞人等古人类。古人类以采集和狩猎为生，打制石器，制作骨器。厚达三四米的灰烬则表明当时的人已经会使用火。

山洞里的生活既不浪漫也不惬意。出土的人骨化石属于40多个个体，其中的十二三人没活到14岁就死了，其余人的寿命也很短。

为了填饱肚子，他们去捡猛兽吃剩的尸肉，甚至可能有食人的习俗。洞穴曾数次被水淹没。有层理的鬣狗粪便化石说明，洞穴曾被凶悍的野兽长期占据。

距今 2 万年的山顶洞人学会了原始的缝纫技术。他们用骨针缝制衣服，逐渐结束了"天当被，地当床"的原始生活。

对于居无定所的古人类个体而言，周口店天然洞穴可能是临时性居所。从长时段来看，这处洞穴又是古人类群体相对稳定的栖息地。地理学家任美锷认为，北京人在这处天然洞穴的连续居住史长达 30 万年之久。

二、王府井东方广场遗址

北京城区的居住文化，又从何谈起呢？1996 年 12 月 14 日，向来执着于探索北京史地的岳升阳先生，在王府井东方广场找到了古人类活动的遗迹，这或许给我们提供了答案。这是目前所知北京城区范围内唯一一处旧石器时代晚期遗址。在一个国家首都的城区内发现旧石器时代遗址，世界上尚属首次。

这处距今2.5万年左右的古人类文化遗址，出土了石核、石片、石锤、石钻、刮削器和雕刻器等石制品700多件，另外还有骨核、骨片等骨制品，骨片上有人工砸击和刻画的痕迹，有些器物上还附着赤铁矿粉。此外，烧骨、烧石、木炭和灰烬的出土，表明古人类对火的利用。

今天的王府井是车水马龙的闹市，在当时却是平原河流的天然堤。这处天然堤只是古人类的临时营地。即便如此，它仍然标志着北京城区人类文明的初始。

从出土石器的类型看，东方广场遗址与周口店遗址，在文化上极有可能一脉相承。在当时的物质条件下，定居于平原地区是个难题：不仅存在获取食物的困难，住宿也难以解决。古人类相对稳定的栖息地仍是山区的天然洞穴。

2001年12月28日，王府井古人类文化遗址博物馆正式开馆。馆内陈列着一块遗址探方，上面原样保留着当时的灰坑、炭屑岩、骨片等。有心人可以在此与约2.5万年前古人类的生活场景近距离接触。

三、东胡林人遗址

新石器时代，人类的居住场所分布得更为广泛。北京地区的各类新石器时代文化遗存已达四五十处，较有代表性的有门头沟的东胡林人、怀柔的转年、房山的镇江营、平谷的上宅和北埝头、昌平的雪山一期等遗址。它们大多分布在河流的二级阶地或者山麓的二级台地上。

东胡林人遗址位于门头沟东胡林村西，地处永定河支流清水河北岸。1966年4月，北京大学地质地理系学生在东胡林村西实习时，发现了这处遗址，并发掘出若干文物。2003年10月19日，此地又出土了一具完整的人体骨架和石器、陶器、手链、手镯等遗物。这些新发现填补了北京地区史前人类逐级演化阶段的空白。

东胡林人遗址的发现还填补了北京居住文化史的缺环。在该遗址，一个16平方米的探方上竟然有5个火塘，这无疑是古人类在此居住的证据。2005年10月，考古工作者又在东胡林发现了 1 万年前的先民遗骸，还在更早期的文化层中发现了火塘，从而将东胡林地区古人类用火的历史提前了几百年到一千年。

东胡林人生活在 1.1 万年到 0.9 万年前，即旧石器时代向新石器时代演替的阶段。在此期间，气候逐渐转暖，人类的生存能力逐步增强。人类的生活场所由天然洞穴转向平原，生活方式也开始由流动性很强的采集狩猎转为相对固定的农作物种植和家畜饲养。

东胡林人遗址出土了大量的兽骨、石磨盘、石磨棒、陶器碎片、木炭屑等遗物，为探讨农业和家畜起源提供了材料。农业生产和家畜饲养意味着定居。人类踩踏的路面、保存完整的方台、绳纹陶器等遗物的出现，是不是昭示着古人类正在做出走向定居的努力呢？目前的考古发现尚无法解答东胡林人有没有住房的疑问。

就居住形式而言，东胡林人可能处于从天然洞穴走出后，由穴居向半穴居转换的阶段。碧水荡漾，森林茂密，鹿群出没山中。采集狩猎，生火做饭，人死葬于舍下——这或许就是东胡林人的生活场景。

在镇江营、上宅、北埝头、雪山等新石器时代中晚期文化遗址中，已出现农业萌芽。加工食物、储存粮食用的陶器也比较成熟，这昭示着北京地区人类定居时代的到来。

四、北埝头遗址

新石器时代出现了规模较大、房屋密集的农业聚落。聚落被壕堑、围墙等防卫设施包围，中间分布着各种房屋。这时的住房，除了少数原始的横穴和袋形竖穴，大部分是半地穴居址、地面建筑。在北埝头遗址，就曾出土半地穴式的房屋基址。

这处遗址位于平谷城区西北 7.5 千米处的北埝头村。经碳－14 测定，遗址距今约 6000 年。经过清理发掘，考古人员发现了 10 座半地穴房屋遗迹。这是北京市首次出土的新石器时代早期房屋建筑。

北埝头遗址房址的布局较为密集。先人在建造房屋前，先在地上挖掘或方或圆的浅地穴，然后在四周埋上立柱，上面支撑着由树枝、茅草制成的屋顶。有的屋顶表面还被涂上了泥巴。四面墙用草拌泥砌成。房址平面呈不规则椭圆形，直径一般在 4 米以上，最大的房址的面积在 20 平方米以上。房址内没有明显的门道遗迹。据推测，门道应开在房址的东面或南面。每座房址的地面中部附近都埋有一两个深腹罐，罐内存有灰烬或木炭等。这种陶罐或是用于烧煮食物，或是用来保存灶膛的火种。

平谷城区东北 19 千米处的上宅遗址，在年代和文化类型上与北埝头遗址相近。虽然上宅遗址没有房屋出土，但从出土了大量石制工具、多种陶器以及陶塑猪头等情况推断，当时的人们应该主要以农业为生，过着定居生活。他们的房屋与北埝头遗址应该没有多大差别。

五、蓟燕分封

夏商周时期，人类居所已普遍转移到平原地区。随着社会经济的发展，城乡分化现象出现了。城市里以非农业人口为主，人口规模和密度都比乡村大。所以，城市住宅在数量和分布密度上也要高于乡村。城市生活的内容、质量一般也要优于乡村。

北京的城市史始于公元前 1045 年，那一年周武王"封黄帝之后于蓟"。后来，北京地区又出现了新的诸侯国——燕国。每个诸侯国都有自己的国都，于是，北京就有了两座城。

蓟城是蓟国的都城，也是北京地区最早的城市。自西单大木仓到陶然亭一线，出土过数百座战国至汉代的陶井。后来，考古人员在永定门、天坛、定安里发现了大量战国至汉代的墓葬，还在中南海至龙潭湖之间发现了永定河的一条故道。上述考古发现为确定蓟城的具体方位提供了重要线索。据此推断，蓟城北墙在西长安街以南，南墙在法源寺以北。当然，蓟城的地面遗迹已经荡然无存，它的具体位置仍是悬案一桩。

房山董家林古城是西周时期燕国的都城遗

址。从 1973 年开始，考古工作者陆续在这里发现居住区、古城墙、墓葬和车马坑。根据古城规模、年代和附近存在贵族墓地等情况，人们推测琉璃河地区就是西周燕国始封地，而燕国都城就在董家林。

蓟城的区位优势更明显。它既是太行山东麓南北大道的北端，又是进入山后地区的分歧点，而且靠近永定河渡口，交通便利。后来，燕国把蓟国灭掉，把国都迁到蓟城，蓟城就成了西周时期北京地区人口最为密集的城市。《战国策》上说，燕国大将乐毅攻取齐国都城后，把劫掠来的珍宝、重器移到蓟城，用于祭祀。

在周代，夯土技术已经较多地应用于北京的住宅建设中：房屋建立在夯实的台基之上，避免地面塌陷。当时，房屋大多为院落式布局，在庭院的中轴线上建有两座重要的建筑物——

门和堂，整个院落呈中轴对称分布。此时，地穴或半地穴式建筑逐渐退出了历史舞台。

六、临河汉墓

1975年4月，当时顺义县城东南约6千米处的临河村出土了一座东汉末年墓葬，其中有大量陶器、铜器、漆器等随葬器物，包括一整套地主庄园的明器。

人们仿实用器具，制成明器。这套地主庄园的明器，包括陶楼、仓楼、俑、陶猪圈、陶井、陶灶和陶动物等，还有大量的瓮、罐、壶、案、奁、灶、灯、博山炉等日用陶器。它们的出土，为复原汉代北京民居提供了实物资料。

大地主的庭院一般有楼房、炊灶、猪圈、厕所、井亭、踏碓等。庄园周围筑有高墙，深沟环绕，四角设有望楼。庄园外围还有粮仓、地窖、蚕室、磨房、井亭、牛棚、马厩、猪圈等。当然，田间也散布着贫苦农民的茅舍。

类似的明器在平谷、怀柔等地都曾出土。怀柔区北房镇南房村有一处汉代家族墓群，其出土器物包括陶仓、陶井、陶灶、耳杯、陶猪、陶狗、陶鸡，其中一种器物非常独特，是猪圈和厕所连为一体的组合。把上述所有器物放在一起，俨然一派农家生活景象。

七、洞沟古崖居

崖居是一种比较独特的居住形式：在山体中开凿的石室就是住所。延庆张山营镇东门营村北峡谷中的洞沟古崖居遗址，就属此类。

该遗址共有洞穴百余处。石室呈楼层状分布，上下层之间由石磴、石梯和栈桥相连。石室以一明两暗的三套间居多，门窗多向南开，室内有石炕、灶台、壁橱、灯台、石龛、马厩等设施。

1991年，考古工作者在古崖居遗址进行发掘，当时出土的遗物大部分是金、元、明、清时期的，唐代、辽代的遗物很少，年代最早的遗物和最晚的遗物间的跨度长达一千年左右。洞沟崖居开凿的初始年代可能是唐代。辽、金时期，古崖居得到了充分利用。类似的古崖居遗址在延庆、怀柔还有多处。

考古学家赵其昌认为，崖居的灶台、火炕等遗迹、遗物，可能与东北地区的古代游牧民族"奚"有关。五代时期，奚王率领部下数千帐内迁，极有可能落脚在今北京地区。洞沟古崖居或许是奚王牙帐所在，是奚人的指挥、活动中心。

那么，奚人为何不辞辛苦地缘山凿穴？洞穴里的生活方式如何？现有的考古发现和史书上的记载有限，因此尚无法得出定论。

八、斡耳朵

斡耳朵，是突厥—蒙古语"ordo"的汉语音译，或写作"斡鲁朵""斡里朵"等，意为宫帐或宫殿。

蒙古族是逐水草而居的游牧民族，以车马为家，住在帐篷里。南宋人郑思肖在《心史》中说道："旧鞑靼所居，并无屋宇，毡帐为家，得水草处即住。"而且，蒙古人"甚耐寒暑雨雪饥渴，深雪中可张幕露宿"。城市、定居、农业对他们来说是陌生甚至令人厌恶的。

蒙古人钟爱的帐篷又是什么样的呢？十三

世纪时，在蒙古游历的法国传教士鲁布鲁克在《东方行记》中是这样描述的："他们把宿夜的住宅安放在用棍条编织成的圆形框架上，顶端辐辏成小小的圆环，上面伸出一个筒当作烟囱，而这个（框架）他们覆以白毡。"可见，当时的蒙古族的帐篷和今天的蒙古包在形制上没有太大差异。

蒙古灭金，占据金中都（今北京）以后，元世祖忽必烈定都于此，并改名"大都"。在平定中原的过程中，蒙古贵族逐渐认可中原以定居为特点的农业文明，并决定以汉地为根本，经营天下。而蒙古人又不能截然地抛弃祖宗之法，于是众多典章制度、风俗习惯被带到汉地，斡耳朵就被带到了大元王朝的心脏——元大都。

元朝实行两都巡幸制度。每年春夏之交，

可移动的斡耳朵就由牛马牵引着，离开大都，北达上都（在今内蒙古正蓝旗东闪电河北岸），秋天则回到大都。皇帝的政令由此发出，皇帝的起居在其中进行。元大都宫殿中的鹿顶殿、棕毛殿均为斡耳朵，或因为帐篷上分别覆盖着鹿皮、棕毛而得名。《元史》中有建造棕毛殿的记载。大明殿、延春阁等宫殿虽然没有毡帐，但是殿内的布置却富于斡耳朵的特色。明初著作《故宫遗录》载："内寝屏障重覆帷幄，而裹以银鼠，席地皆编细簟，上加红黄厚毡，重覆茸单。"内寝用银鼠皮、席地而坐，都是蒙古族习俗。

《周礼·考工记》认为，理想的都城"左祖右社，面朝后市"。元大都的布局是最接近这一理念的，但它也是多民族文化交流的熔炉。

九、元代后英房居住遗址

元大都的规划建设是在金中都故城的东北方完成的，城内有"三百八十四火巷、二十九衔通"。火巷类似于今天的消防通道，衔通就是胡同。今天，东四三条至八条、南锣鼓巷地区、西四北头条至北八条，被认为是元代街道布局的遗存。

《马可·波罗游记》记载，当时元大都的城内外都有华丽的屋室。城内的居民区分为50坊，每户按坊居住。经济实力不足的人家不得在大都盖房。所以，大都成了一定意义上的"富人区"。

元大都的住宅多分布在胡同的南北两侧，坐北朝南。这种布局有利于冬季防寒、夏季通风和室内采光。考古工作者对元大都的一些居住建筑遗址进行了调查和发掘，在后英房和雍

第一篇 北京居住文化简史的关键点

和宫后清理出两处较完整的院落遗址。

后英房元代居住遗址位于西北二环内的后英房胡同，始建于元朝至大年间（1308—1311年），它的东跨院是一所"工字厅"形制的大型住宅，总面积约2000平方米。主院以北房为正房，其建在坐北朝南、平面略呈"凸"字形的砖石台基之上，前有轩廊，后有抱厦。主院内还有东西厢房。东院正房前后之间有柱廊相连，呈"工"字形。在该遗址中，还出土了彩画额枋、格子门、滴水、瓦当等建筑构件，以及大量的陶瓷器皿、铁器等。从紫金石砚、红白玛瑙围棋子、五彩螺钿镶嵌残漆盘等出土文物推断，这处宅院当属处于社会上层、家底丰厚的富贵人家。

雍和宫后的元代居住遗址是一处三合院，以三间北房为正房，两明一暗。北房建在砖砌台基之上，室内有用砖、土坯砌成的火炕或实心炕。这处三合院可能是某衙署的院落。除了以上两处，德胜门东侧的西绦胡同也曾出土元代房屋，其地基低狭，房内仅有一灶、一炕和一个石臼。墙壁用碎砖块砌成，出土的瓷器也很粗劣，所以这里或许是一处简陋的贫民居所。

元代北京民居涉及的建筑技法基本上来自宋代，某些细部做法与宋代《营造法式》的记载相吻合。此外，元大都的居住建筑已经初步呈现出明清标准四合院建筑的框架，我们可以称之为"北京四合院的雏形"。

然而，元代北京民居与明清四合院又有两点重大差异：其一，元代北京民居的前院面积大于后院，而明清四合院恰恰相反。其二，元代北京民居或采用"工字厅"布局,而明清四合院则采用正房、厢房、垂花门、抄手游廊的布局组合。采用"工字厅"布局的元代北京民居内没有南房,正房与厢房合围成"日"字形。

十、明清紫禁城

紫禁城(又称"大内",今称"故宫")是明清两代皇帝办公、生活的宫殿,始建于明朝永乐四年至十八年(1406—1420年),历经多次重修、改建,是世界上现存最大、最完整的古代木结构宫殿建筑群。

故宫位居北京城中部,南北长961米,东西宽753米,占地72万平方米,建筑面积约15万平方米。民间流传着"紫禁城有房屋九千九百九十九间半"的说法。1972年,古建专家按"四柱为间"的标准对故宫的房屋数量进行全面调查，共统计出殿、宫、堂、楼、斋、轩、阁等各类房屋 8707 间。故宫墙垣高达 10 多米，共开设 4 门——午门、神武门、东华门、西华门。墙垣四角架设角楼。在墙垣外围，环绕着宽 50 余米、深 6 米的护城河。

故宫建筑有外朝、内廷之分。午门至乾清门为外朝，由三大殿（太和殿、中和殿、保和殿）、文华殿、武英殿等组成，是皇帝处理政务、举办重大仪式的场所。太和殿，俗称"金銮殿"，殿高 26.92 米，面积 2377 平方米，为故宫之最。

乾清门至御花园为内廷。内廷有三大宫（乾清宫、交泰殿、坤宁宫）、东西六宫等主要建筑，是皇帝、后妃、皇子等皇室成员生活、游玩、奉神的地方。

乾清宫是内廷正殿，在三大宫中建筑等级

最高、体量最大。明代至清代顺治、康熙两朝，这是皇帝的寝宫，皇帝在此居住、办公。雍正帝继位后，将寝宫移至养心殿。于是，乾清宫成为专门举行内廷典礼活动、接见官员和外国使臣的主要场所。此外，皇帝死后，其灵柩被停放在乾清宫，以便祭奠。

交泰殿在乾清宫后，是为皇后举办寿庆的地方，殿内存放玉玺。

坤宁宫为整个明代、清代前期的皇后寝宫。清代中后期，皇后搬到东西六宫居住。于是，坤宁宫内的西暖阁被改为祭祀神灵之处，每日朝夕祭、春秋大祭、求福祭、祭灶等仪式都在此举行。东暖阁是皇帝新婚的洞房。只有在皇帝大婚之时，皇帝和皇后才会在坤宁宫住一段时间，但这也不是通例。东西六宫通常是嫔妃的起居处。

御花园占地 1 万多平方米，以北侧钦安殿为中心。这里是皇室游玩之所。

明清两代，共有 24 位皇帝在紫禁城中住过。1914 年，紫禁城的前部设立了古物陈列所。1925 年，紫禁城的后部设立了故宫博物院。1947 年，两者合并，统称"故宫博物院"。故宫博物院现为我国最大的古代文化艺术博物馆，馆藏文物 180 余万件。

从居住文化的角度来看，故宫是北京地区乃至全国气势最恢宏、布局最严谨、建筑最精细、装饰最考究、生活服务设施最高级的住所，堪称我国古代居住文化的巅峰和集大成者。

十一、旗房

清初，北京城的旗人、汉人分城居住：绝大多数汉人被驱赶到外城，内城房产归八旗。顺治六年（1649年），旗汉分居局面最终形成。

八旗官兵按左、右翼方位居住：镶黄旗住在安定门内，正白旗住在东直门内，镶白旗住在朝阳门内，正蓝旗住在崇文门内（以上称"左翼"）。正黄旗住在德胜门内，正红旗住在西直门内，镶红旗住在阜成门内，镶蓝旗住在宣武门内（以上称"右翼"）。

康熙年间，朝廷开始建设西郊畅春园、圆明园等皇家园林。雍正二年（1724年），经选拔，满洲八旗中的部分官兵来此驻扎，形成了圆明园八旗护军营。镶黄旗营房在圆明园后、树村西，正白旗营房在树村东，镶白旗营房在长春园东北，正黄旗营房在圆明园西北的萧家河村北，正红旗营房在北安河桥西北，镶红旗营房在玉泉山东北，正蓝旗营房在海淀东，镶蓝旗营房在清漪园（颐和园）南的蓝靛厂。清廷还设立了火器营、健锐营、神机营等。

八旗官兵及家眷住在旗房里，过着军事化生活。旗房坐北朝南，成行排列，每行都由若干独立的小院组成。每处旗房驻有官兵四五百名，他们按照职位等级享受不同数量的住房。每个旗的参领得房最多，有13间。而普通的护军得房最少，只有3间。旗房里的官兵靠吃"铁杆庄稼"为生：成年男子每年可以领到4包大米，每月至少能领到1两5钱银子，多的高达十几两。随着八旗护军的繁衍生息，本来比较宽裕的住房资源日趋紧张。于是，乾隆年间，朝廷大量增建、重修旗房及院墙、门楼等附属建筑。

旗房属于公有的旗产。有些旗人懒得收拾旗房，就连门口的上马石也用砖头堆砌而成，他们甚至因怕多费糊窗户纸而不愿住大房子。起初，政府严禁旗人与民人私下交易旗房。清末，八旗制度废弛。不法之徒拆旗房，卖砖瓦木料，牟取私利。政府也不得不承认旗房买卖行为。清朝灭亡后，旗人失去经济来源，拆房卖钱也就成了谋生手段。于是，旗房逐渐变成普通村庄。

旗房给北京居住文化增添了多民族因素，满族的信仰和生活方式在此扎根。祭板子的习俗就是一例。《凌霄一士随笔》载："满洲世家，其正室之西墙例设所谓祖宗板子。其制甚简，仅庋一木板，板上置一黄布包袱，并粘有白纸挂钱。纸上雕有满文二字，如是而已。然一家之中，对之不敢稍有冒亵。以时举行祭礼于其前，即所谓祭板子也。"

此外，旗房里还有竖神杆的习俗——祭

祀时，人们把精肉和饭切为细末，放在神杆上，让乌鸦啄食。

十二、早期现代住宅楼

近代以来，西方建筑文化传入北京，其特点迥异于中国传统居住文化，具有现代化内涵。水门汀（水泥）、钢筋、西式门楼、电灯、自来水等居住文化要素，由此走入北京人的日常生活。

百余年来，许多近代居住建筑融入北京传统城市风貌之中，成为历史文化遗产的一部分。清华园北院，协和医学院别墅群，燕京大学燕南园、燕东园均为北京早期极具西方特色的现代化住宅。

清华大学始建于 1911 年，其前身是留美预备学校。清华园的北院是专为美国教职员建造的高标准住宅，其造价昂贵，每户都有整套卫生设备。院内有俱乐部、体育场。每所住宅的房间在5个以上，后院还配有"下房"。

协和医学院，前身为清光绪三十二年（1906年）由美、英两国5个基督教新教教会和伦敦医学会合办的协和医学堂。1915年，协和医学堂由美国洛克菲勒基金会接办，后改名为"协和医科大学"。1929年，协和医科大学更名为"北平协和医学院"。其高级教职员住宅楼主要分布在外交部街59号，共有30多栋，均为美国乡村独立别墅。这些住宅楼的设计、施工和装修都非常讲究。北极阁三条26号有一处协和医学院住宅，时称"南院"。位于新开路胡同73号的一幢洋楼，则是协和医学院院长公寓。

燕南园，建造于1926年左右，是燕京大

学外籍教师的住所。园内建有 17 栋住宅。燕东园是与燕南园同期建设的教师住宅，共有 22栋。自 1957 年起，有关方面对这里进行了多次改扩建，原有的建筑风貌已经所剩无几。从周边环境和原有布局来看，燕南园比燕东园更接近原貌，而且其内凝聚着更多的人文气息。

十三、龙须沟

北平（中华人民共和国成立后改为"北京"）和平解放前夕，城区和关厢地区的居民住宅面积约 1350 万平方米，人均居住面积只有 4.75 平方米。半数以上的四合院破旧不堪。

龙须沟是北京居住条件最恶劣的地方之一。这里地势低洼，整个北京外城 80% 以上的污水汇集到这里。来自全国各地的难民、流浪者在这里聚居。他们在沟岸上搭建了许多简易窝棚，刮风怕吹跑了，下雨怕泡塌了。半夜雨大的时候，污水灌进屋里，漫过炕头。

1950年5月16日，疏浚和改建龙须沟的工程正式启动。仅用半年时间，龙须沟就旧貌换新颜。其中，龙须沟的上段成了暗沟，沟上修了马路，下段得到疏浚。1951年10月，龙须沟附近的臭水坑——金鱼池也被改建成花园。

1950年7月15日，在周恩来总理的鼓励下，老舍先生到龙须沟采访。面对眼前翻天覆地的变化，老舍感叹道："在以前，反动政府是吸去人民的血，而把污水和垃圾倒在穷人的门外，叫他们'享受'猪狗的生活。现在，政府是看哪里最脏，疾病最多，便先从哪里动手修整。新政府的眼是看着穷苦人民的。"于是，话剧《龙须沟》诞生了。剧中，程疯子唱的"从此后，沟水清，国泰民安享太平"一语道破百姓的心声。老舍先生也因此剧的成功而被北京市人民政府授予"人民艺术家"的荣誉称号。

1966年，龙须沟地区第二次大规模改建工程启动。此后，一批三层的简易楼陆续落成。当时，在北京住楼房可不是简单的事。不过，这些简易楼没有阳台、暖气和煤气，厨房和厕所都是公用的，生活在里边并不方便。20世纪七八十年代，有关方面又盖了十几栋四层楼和一批单元楼。不过，限于当时的条件，它们很快成了危旧房。

2001年，龙须沟所在的金鱼池小区，作为北京市"房改带危改"的试点区域，经历了第三次大规模改造。2002年4月18日，在当时的崇文区，金鱼池首批160多户回迁居民领到了新房钥匙，其余1400多户回迁居民也陆续住进了新楼房。后来，这里成了现代化的城市生态小区。

十四、排子房

中华人民共和国成立前，北平城的住宅资源已相当紧张，而在存量房中，大批房屋年久失修，亟需改造。中华人民共和国成立后，军政人员大量迁入首都，北京城住房供求失衡、房屋危旧的问题更加突出。

根据1952年的调查，北京城区的危房超过6万间，总面积达860多万平方米。当时，中央政府和北京市政府没有足够的财力、物力全面解决住房问题。为解燃眉之急，有关方面只得在南城和关厢地区的空地上加急建造了简易砖木结构平房，面积达50多万平方米。永定门外的安乐林，东直门外的左家庄、幸福村，朝阳门外的九王坟，阜成门外的扣钟庙，复兴门外的真武庙，纷纷成为平房迁居区。此外，在苹果园、夕照寺、陶然亭、安化寺等职工分布比较集中的地区，也出现了一批简易平房。

这类简易住宅坐北朝南，成行排列。从外观上看，它们酷似兵营，被称为"兵营式住宅"，俗称"排子房""鸽子窝"。排子房节省材料，建设周期短。同一单位的人住在一起，也便于管理。这与清代的八旗旗营类似，堪称清代旗营的"现代版"。

因为建筑设计上的缺陷，加上资金、技术和工期等条件的限制，这类住宅只适合临时居住。若在这里长期居住，则颇为不便。排子房里缺少必要的生活设施和服务设施，自来水、厕所都在室外。厨房数量少，而且都是公用的。为了方便做饭，各家不得不在自家门前搭建小厨房。然而，小厨房紧挨着自家排子房，会影响后者的采光。

不过，这种平房毕竟是砖木结构的瓦房，水电齐全，有公共厕所。与设施简陋的土坯房、棚户相比，这类住房的条件要优越得多。

十五、单位大院

1949 年以后，作为社会主义制度框架的重要组成部分之一，单位制度成为全国性制度。北京的单位，在层次、种类上无疑是全国最丰富的。一项调查表明，在当时北京市区490 平方千米的建成区中，仅中央机关及其附属单位就占地 170 多平方千米。

单位掌控了各项社会资源，是城市居民生

存发展的最大依靠。工资、就业、医疗、养老、住房等各项切身利益，都来自单位。在此背景下，出现了单位大院这种新的居住文化类型。正如杨东平先生所说的，"大院和新北京人，胡同、四合院和老北京人，构成北京城市社会的两个不同层面，两种异质的社会生活和文化空间。……以干部和知识分子为主体的大院居民，生活在旧城区老北京市民生活之外，在生活方式上几乎隔离而互不沟通。"

与传统的四合院街区不同，单位大院的住户是 1949 年起迁入的"新北京人"。据《北京志·综合卷·人口志》记载，1949 年到 1960 年，迁入北京的人口就有 300 多万。这些"新北京人"绝大多数是北京市有组织接纳的"单位人"。

在这些人之中，一小部分进入老城区，大

部分人被安置在近郊区新建的单位大院。以海淀区为例，区内既有 156 个中央国家机关系统的大院，又有 181 个部队系统的大院，还有 281 个大专院校、科研院所的大院。

同一单位大院，容纳了各类新北京人，他们籍贯不同，民族不同，操持着各异的方言，文化层次也参差不齐。不过，他们属于同一个利益群体，共同享受着大院里的各项生活服务设施。所以，单位大院是微型社会，其中少则数百人，多则数万人，相对独立于北京城市之外。虽然这里的生活服务设施齐全，但只面向本单位，不对社会开放。

单位制度是有效的社会组织手段，但它的弊端也是明显的。1952 年 12 月 22 日，梁思成在《人民日报》发表《苏联专家帮助我们端正了建筑设计的思想》一文。文中援引苏联专家穆欣的观点——"现在有许多建筑还保持着半封建半殖民地的色彩：每一个单位都用围墙把自己围起来，自成一个小天下。"大大小小的单位大院不仅降低了土地利用效率，而且造成了社会资源的闲置、浪费。成片的单位大院占据了内城核心地段，肢解了城市公共空间，还是交通堵塞的重要原因之一。

在经济体制转型的过程中，原来严密完整的单位架构逐渐松动，这为个人的生存、发展提供了日益广阔的空间。单位福利分房的终结和住房的商品化，无形之中拆开了单位大院的围墙。许多单位因政府机构改革、企业破产倒闭等原因彻底瓦解，单位大院完全融入了城市公共空间。

1990年开始施行的《城市居民委员会组织法》规定，机关、团体、部队、企业事业组织，不参加所在地的居民委员会，其家属聚居区可以单独成立家属委员会，承担居民委员会的工作。不过，家委会存在单位行政化管理的弊端，不适应城市基层社会管理体制改革的要求。后来，北京市的家委会全部改制为社区居委会，后者归街道居委会管理。

十六、复兴门外居住区

1929 年，美国人 C.A. 佩里首先提出了名为"邻里单位"的居住区理论。这种规划理论的核心是，扩大原来较小的住宅街坊，以城市干道包围的区域为基本单位，建成具有一定人口规模和用地面积的"邻里"，在其中布置住宅建筑、日常公共服务设施和绿地，同时要求城市交通干道不得穿越居住区，以保护居住区内的安静氛围，而且住宅的朝向和间距也要达到最佳效果。1933 年 8 月，国际现代建筑协会拟订的《雅典宪章》主张，应该把住宅区设计成安全舒适、方便宁静的邻里单位。1945 年以后，这一理念被广泛应用于西方国家的城市建设中，具有深远的影响。

中华人民共和国成立初期，北京居住区的规划较早地践行了"邻里单位"理论。1949 年，梁思成就在《人民日报》上撰文，推介该理论。1951 年，铁道部在复兴门外真武庙一带建设的住宅就属于"邻里单位"，人称"复外邻里"。限于中华人民共和国成立初期的施工水平和建材条件，这片住宅都是低层联排住宅，既有两层花园式住宅，也有三层里弄式住宅。它们朝向不错，住户较少，而且环境幽静，设有托幼机构、小学、商店等基本生活服务设施。

由于规划建设经验的不足，复外邻里住宅区存在不少缺陷。比如，建筑密度过低，住户数量有限。另外，这里的公共服务设施不完善——有关部门只在复兴门外大街安排了一组副食和百货商店，这对当地居民的日常生活造成了不便。

然而，复外邻里住宅区毕竟开辟了北京住宅建设的新局面，具有创新意义。在当时的中国，与之同期出现的是上海的曹杨新村。二者南北呼应，共同绘就了中华人民共和国居住建设史的新起点。

邻里单位理论在中国的实践只是昙花一现。20世纪80年代，复兴门外大街北侧的高层住宅楼拔地而起。一度引领潮流的复外邻里最终落得个被拆迁的命运。不过，这一实践还是具有中西居住文化交流的积极意义。

十七、百万庄街坊

20世纪四五十年代，苏联流行名为"街坊式住宅"的住宅区设计理论，它与邻里单位理论比较相似。按照这种理论设计出的居住区，也叫"扩大街坊"。这种居住区，比起后来兴起的住宅小区，具有更小的占地面积和建筑面积，四周由街道包围。在街坊里，有托儿所、幼儿园、商店等基本的生活设施和服务设施，具有一定面积的公共绿地也在其中。

20世纪五十年代初期，在一切向苏联老大哥看齐的形势下，"街坊式住宅"理论从苏联传到了中国。"一五"期间建设的居住区，大多是按街坊布置规划的。北京最典型的居住街坊，当属百万庄住宅区和国棉一厂住宅区。

百万庄住宅区，当初是一个名叫"白庄子"的小村落，后来改名"百万庄"。1949年之前，这里坟茔遍地，满目荒凉。中华人民共和国成立后，国家第一、第二、第三机械工业部在此兴建了第一批街坊式住宅。

住宅区的设计方案，由时任北京设计院建筑师的张开济主持完成。1953年，住宅区基本建成，它占地20多万平方米，中心有2万平方米的绿地，总建筑面积12万多平方米（1955年）。住宅区由6个住宅街坊和1组花园式住宅组成，分别名为"子""丑""寅""卯""辰""巳""午"。

百万庄住宅区内有高级领导住宅、组合式住宅、单身宿舍，还有托幼机构、小学、商店、车库、银行等生活服务设施。普通住宅的建筑密度较高，高级住宅则属于单元拼联式。四周住宅组合而成的院落与周围道路分开，内部环境比较幽静。由于过分讲究双周边形式

（由两圈房屋形成围合之势的周边布置形式），住宅区内有许多死角和阴影，不利于通风和采光。而且，其中的道路曲折，容易迷路。

移植苏联的居住街坊，在国内并无成功的先例。当时的百万庄住宅区缺乏统一的管理，各自为政，副食供应和医疗服务设施都不能满足需求，与住宅区配套的市政设施也相当落后。

国棉一厂住宅区，位于今朝阳区东四环外朝阳路上，占地13.1万平方米（1955年数据）。国家干部是百万庄住宅区的主要居民。与此不同，国棉一厂住宅区主要是纺织工人的宿舍。住宅区由两组居住建筑和一组公用建筑构成。建筑以三层为主，在布局上采取四合院形式。因为纺织工人中单身的比较多，所以这里的相当一部分住宅是单身宿舍。住宅区的厨卫、上下水、采暖设施齐全，还有小学、托儿所等服务设施，而且管理有序。在当时，这里堪称工人阶级的"高档社区"。

此外，在三里河、永安里、和平里、幸福村、白纸坊、羊坊店、呼家楼、北太平庄、右安门内等地也有街坊式住宅。

十八、夕照寺小区

街坊式住宅存在不少缺陷，取而代之的是居住小区。1956年11月，负责城市建设的万里同志指出："过去，我们都是采用以街坊为居住区单元的规划方法，有许多问题不易解决。近来有人提倡采用小区来进行规划，认为可以减少或避免街坊的若干缺点，也是可以考虑的。"

居住小区是城市居住区的基本单元，每个

小区又包括若干居住组团。小区是四周由城市道路包围的居住用地，有功能健全的建筑组群，内部配备完善的生活服务设施。

1957年，在苏联专家指导下建设的夕照寺小区，是北京乃至全国居住小区的处女秀。该小区位于当时的崇文区东部，靠近东护城河，南边是夕照寺。小区内配套中小学、托幼机构、公共食堂等公共服务设施。当然，夕照寺小区还没完全摆脱街坊式住宅的封闭格局，存在街坊中轴线和对称的布局。

此后，北京市逐步实现小区建设的"六个统一"（即统一投资、规划、设计、施工、分配、管理），小区的结构、形式也逐步多样化，许多地区实现了住宅的成街成片开发。比较典型的小区有和平里、八角、水碓子、龙潭、虎坊路、垂杨柳、古城等。这些小区的住宅层数比邻里单位和街坊式住宅都要多，而且朝向不错，采光比较好。此外，它们的居住密度更高，配套的公共设施日渐完善。

十九、前三门

1960 年到 1971 年，北京的高楼仅有 8 栋，楼层最多者只有 9 层。20 世纪 70 年代中期，为解决土地供应紧张和住宅缺乏之间的矛盾，北京兴建了一批高层住宅。

1974 年，在建国门外大街上建起的两栋 16 层外交公寓，是真正意义上的高层建筑。但其性质特殊，远离百姓的日常生活。1976 年，前三门地区出现的一批高层住宅楼，堪称北京市乃至全国高层住宅建设的先驱。

前三门大街，号称"十里长街"，原有街面宽 100 多米。当时，这里的建设条件较好，路南有一些开阔空地，不拆或少拆旧房就可以盖十几万平方米住宅。很多中央单位要求在此建房。正值此时，邓小平同志复出，主持中央工作，并开始规划建设"前三门"住宅区，同时大大增加了住宅投资。

1976年5月25日，前三门高层住宅楼群破土动工。楼群由36栋楼组成，其中35栋为高层建筑，包括4种板楼和3种塔楼。板楼最高9层，塔楼最高16层。楼群总建筑面积近60万平方米，解决了7000多户城市居民的住房问题，同时创造了北京住宅建设史的多项之最，为北京成片开发建设居住小区积累了经验。

1978年10月20日上午，邓小平来到前三门住宅楼工地视察。他亲自登上宣武门东大街6号楼和宣武门西大街4号楼，提出了"降

第一篇 北京居住文化简史的关键点

低层高，扩大面积"的建议。这是一个不增加投资但能扩大面积的新思路，对后来建筑业的发展产生了重大影响。

从前三门开始，大规模的高楼建设深刻影响和改变了北京的城市景观。虽然北京究竟适合建高层还是建多层的问题，在建筑学界已经争论了好多年，但北京高楼如雨后春笋般"生长"却早已是不可逆转的趋势。

二十、大杂院

什么是大杂院呢？齐如山先生认为"凡一所房屋租与几家者，即名曰'大杂院'"。大杂院出现在清末民初。当时，政局动荡，民生凋敝，许多独门独户的人家因为经济困难而出售或出租四合院的一部分。这样，一个院里慢慢多出来好几家，甚至十好几家，成了大杂院。

1949 年以前，北京内城的大杂院并不像今天这么多见。而且，当时的大杂院只是住户杂，三教九流都有，但院内没有经搭建、扩建而成的小房。

中华人民共和国成立后，北京城的外来人口数量增长迅速，住房问题日渐突出。政府在投资建设新房、改造旧房的同时，也调整了住房产权政策。1957 年，"经租"政策出台：独门独院的房主除规定自留的房间外，要将其余房间上交，由政府重新分配。于是，北京城里的绝大多数四合院成了大杂院。这种大杂院和中华人民共和国成立前的大杂院一样，主要是住户身份的复杂。

知青上山下乡，一度缓解了北京城内的住房供需矛盾。后来，随着下乡知青陆续返城，大批到了婚育年龄的青年急切需要解决住房问题。为此，政府有关部门通过"推出一点、接长一点、扩大一点"的办法，以原有四合院为基础搭建、扩建各类棚屋。这种办法扩大了住宅面积，但也彻底打破了传统四合院的内部格局和街道系统。

1976年的唐山大地震，加速了四合院向大杂院的转变。为了防震、抗震，政府号召市民在院里、街头随地搭建防震棚。大震当头，活命要紧，防震棚的搭建成了一种普遍行为。

地震给原有房屋造成程度不等的损害，房屋维修倒是容易，难以解决的是布局杂乱的防震棚。实际上，人们在地震过后似乎增强了搭建棚房的意识和技艺，搭建之风愈演愈烈。

棚房虽简陋，但是花钱不多，简便易得，更关键的是解决了人们增加住房面积的燃眉之急。人们住进去之后，免不了修修补补，临时性的防震棚逐渐转化为长久的简易房，成了厨房、储藏室，甚至娶妻生子的新房。搭盖小房不仅是个人行为，许多单位和房管所也采取了这种"见缝插针"的办法。

再后来，有的大杂院被推倒铲平。不久，原址上出现了住宅楼。有的大杂院则更加杂乱、破旧。要把大杂院恢复为传统四合院的原貌，任重道远。

二十一、方庄住宅区

1980年4月2日，邓小平同志发表了《关于建筑业和住宅问题的谈话》，揭开了城镇住房制度改革和住房商品化的序幕。作为北京市第一个大型商品房住宅区，方庄住宅区的诞生，把"商品房"这个名词实实在在地写进了北京居住文化史。

方庄住宅区位于丰台，地处丰台、东城、朝阳三区交界之地。1984 年，为解决首都居民住房困难，改善丰台城市面貌，北京市政府决定在此建设大规模住宅区。1986 年 9 月 15 日，这一工程正式动工。1996 年，住宅区基本建成并被投入使用，政府前后投资达 30 亿元。

　　为了规划好方庄住宅区，北京市在 1984 年组织北京市建筑设计院、清华大学等设计单位，制作了多种规划方案，最终于 1985 年形成住宅区详细规划。

　　方庄住宅区的开发范围约 2 平方千米，总建筑面积 266 万平方米，相当于 5 个前三门住宅区。住宅区以十字路和环路系统为骨架，形成芳古园、芳城园、芳群园、芳星园 4 个区域。住宅区内配套地区级公园绿地、变电站、煤气调压站、大型公共汽车站、电话局、污水处理厂、供热厂等大型公共设施。

这里曾是北京规模最大、标准最高、现代化设施最完善的综合性商品住宅区，也是当时全国最大的居民小区，在规划设计、施工建设、销售、管理等诸多方面都具有开拓意义。后来，亚运村、望京等住宅区都是沿着它开拓的路子走来的。

二十二、菊儿胡同

菊儿胡同位于东城区鼓楼附近，东起交道口南大街，西至南锣鼓巷。明代，这里叫"局儿胡同"，清乾隆年间改称"桔儿胡同"，光绪年间改今名。

在多如牛毛的京城胡同中，这条胡同本不起眼，其中只有荣禄故宅和20世纪50年代建的阿富汗大使馆有点儿名气。20世纪80年代末，在危旧房改造工程中，菊儿胡同却声名鹊起，成为北京旧城改造的"标本"。

这个改造项目由建筑学家吴良镛主持，1989年年底动工，总建筑面积14 840平方米，安排居民约260户。根据有机更新理论，这一项目保留了有价值的旧院落和胡同，以类四合院住宅替换危旧房屋。

新修住宅秉承了北京传统四合院样式和胡同体系，又吸收了现代住宅楼的优点，由两三层楼房围合，形成四合院。此举得到建筑学界的好评。1992年，菊儿胡同改造项目获得"亚洲建筑师协会金质奖"。在世界住房日大会上，菊儿胡同类四合院工程被授予联合国1992年"世界人居奖"。大会的新闻公报说，"菊儿胡同类四合院住宅工程开创了在北京城市中心城市更新的一种新途径，传统的四合院住宅格局得到保留并加以改进，避免了全部拆除旧城内历史性衰败住宅。"

1990年年底，在菊儿胡同等试点工程的基础上，北京市政府做出了加快危旧房改造步伐的决定，全市危旧房改造工作全面展开。

二十三、恩济里小区

20世纪80年代末，建筑大师张开济先生指出，在现代城市，"住宅建设，原封不动地搬用四合院平面已经不切实际了。而简单地把四合院扩大和增加层数可能也不是办法。我以为保留单元住宅独门独户的优点，同时又创造一个接近四合院空间比例的院落，供若干户住户共同享用，可能是一条出路"。

在住宅小区化进程中，被称为"京派四合院"的北京恩济里居住小区就是取意于传统四合院，采用院落式布局，取得良好效果的范例。

恩济里居住小区位于海淀区西八里庄，是全国第二批城市住宅建设试点小区之一。1993年，小区建成，总建筑面积14.08万平方米，可容纳1885户。

小区的设计充分体现了人性化原则——以一条通而不畅的南北向弯曲主路将住宅区分为4个组团，每个组团吸收了北京传统四合院"内向、封闭、房子包围院子"的优点，采取"扩大的四合院"形式，由前后四排住宅构成内向庭院。在庭院内，公共绿地、休息厅和儿童游戏场所设计合理。商业网点、小学、托幼机构、自行车车库等各类配套设施一应俱全，位置得当。住宅结构多为大厅小室，户型多达17种。在小区内，楼房层数不等，错落有致。

设计方还利用坡顶下空间，塑造出独具特色的景观效果。

在全国 22 个试点小区中，恩济里小区曾获得"建筑""设计""施工质量""科技进步"4 项一等奖、建设部"城市住宅小区建设试点综合奖金奖"、"第二届中国建筑学会建筑创作奖"、"中国建筑工程鲁班奖"，还被评为"北京市优质居住小区"。毫无疑问，在当时的北京住宅区中，恩济里小区是独领风骚的。

二十四、亚运村和奥运村

1986 年，北京亚运村工程开工。1990 年 8 月，全部工程完工。亚运会期间，这里接待了来自 36 个国家和地区的数千名运动员和官员。

1991 年年初，作为北京市第一个涉外房地产项目，400 套运动员公寓正式进入房屋租售市场，亚运村由此步入转型、再发展时期。不久，亚运村就转变为新型国际商贸金融社区。在社区内，14栋现代化的公寓楼和豪华写字楼，多为外国驻华使馆工作人员、海外华侨、外籍人员购买或租用，还有400多家外国公司入驻。此后十几年，亚运村突破了原来16万平方米的地域范围，成为集国际会展、旅游、居住、金融、商贸于一身的成熟社区。在房地产市场上，亚运村曾与方庄、望京一起开创了"三驾马车"时代。有关方面甚至希望把亚运村打造成北京的中央生活区（CLD，全称Central Living District）。

亚运村的建设带动了其所在的北二环外的发展。2001年北京申奥成功，又为北部城区带来了新的发展契机。

按照奥运东道主的惯例，北京要修建奥

运村，为运动员和官员提供住宿和赛事服务。2005 年 6 月，奥运村工程开工，2008 年 4 月全面竣工。工程方采用了中水回用、雨洪利用等绿色建筑技术，使工程达到了当时绿色住宅规划建设的国际顶尖水平。2008 年 8 月，美国绿色建筑协会向奥运村颁发了"能源与环境设计先锋金奖"。

北京奥运村占地 66 万平方米，位于奥林匹克公园中心区西北侧，北临国家森林公园，环境优美，交通便利，基础设施齐备。奥运村提供了 64 栋公寓楼，出色地完成了赛事任务。赛事结束后，奥运村主体被改造成商业住宅小区。

二十五、望京新城

1984 年，望京新城的规划工作开始起步。

当时，其定位是"代表21世纪城市建设总体发展水平的中等城市"。

望京本是朝阳区一个默默无闻的地方，一本1991年出版的北京地名词典收录了3000多个地名，却没有一处提到望京。"望京"之名，1995年才显赫起来。这年年底，望京新城正式进入开发建设阶段。根据规划，新城总占地面积860万平方米，总建筑面积780万平方米，规划居住人口23万至25万，这相当于一个中等城市的人口规模。按照预想，望京新城是北京规模最大，功能、设施最全的综合性新区。

此后10多年，望京新城发展为全国乃至亚洲最大的居住社区，有花家地、南湖渠、望京三大居住区，共17个居民小区。望京新城分中心区和外围区，中心区又分为住宅区和大型公共建筑及商贸区。

望京新城曾涌现出一批品质甚佳的小区，如望京Ａ５区。1999年，它曾在全国70多个示范小区评比中获得５项金奖。后来，它又入列"全国2000年小康住宅示范区"。望京Ｋ４区是北京最大的安居住宅区，也是北京首批经济适用房小区之一，曾荣获建设部"全国跨世纪住宅小区优秀奖"。

然而，望京的发展并不是一帆风顺的。早期，望京新城的交通、购物、娱乐、餐饮、社区服务站、文体活动场地、公共厕所等配套服务设施并不健全，交通拥堵现象尤为突出。此地虽然靠近北四环、北五环等交通干道，但由于交通规划、建设滞后，成了"早晨出不去，晚上进不来"的"堵城"。于是，许多业主抛售房屋，搬了出去。此后，有关方面为望京新修了进城道路，开通了公交专用道系统和轻轨，交通拥堵现象得到缓解。

随着望京新城配套设施的日益完善，西门子、三星、松下、LG、摩托罗拉等世界500强企业开始入驻此地，望京逐渐转化为国际化社区。

二十六、卧城回龙观

在国外的城市中，存在"Bedroom Suburb""Dormitory Suburb"，指市区以外的居住区，即"卧城"。这里的居民职、住分离：白天在市内工作，晚上回郊区休息。回龙观、天通苑（简称"回天地区"）就是北京最典型的卧城。每当人们提起回天地区，最先想到的词汇是"经济适用房"。

建设经济适用房的初衷，是解决中低收入群体的住房问题。1998年，首批经济适用房在北京房地产市场上市。在所有经济适用房项目中，最为京城市民熟知的当属回龙观文化居住区。

该居住区位于北京昌平区的回龙观。明弘治十七年（1504年），朝廷开始在此地修建玄福宫。皇帝在拜谒帝陵的途中，会驻跸此地。于是，玄福宫有了"回龙观"这个俗称。直到20世纪80年代，回龙观还是一个只有2000多人的小村落，后来设有回龙观乡（镇）。

最显著的转折，发生在1998年。这一年，北京市确定了首批19个经济适用住房建设项目，包括回龙观等15个综合开发项目和成寿寺等4个自建项目。为支持经济适用住房建设，北京市推出了行政划拨土地等扶持政策，并严格审核开发成本，控制房价。1998年10月29日，以回龙观为代表的首批经济适用住房项目在北京市房地产交易中心集体亮相。

回龙观文化居住区，面向北京科教文卫系统中有北京市城镇常住户口的中低收入家庭。根据规划，其建设用地面积 11.27 平方千米，规划之初确定的居住人口约 23 万人。当时，回龙观堪称我国最大的经济适用房项目。

天通苑居住社区也是规模较大的经济适用房项目，位于市区北部立水桥附近，占地 8 平方千米，规划的居住人口达 15.6 万人。

2015 年，经济适用房在北京成为历史，取而代之的是限价商品房、廉租房、共有产权房等新的住房形态。

二十七、综合体建筑

综合体建筑，集酒店、公寓、写字楼、餐饮、会议、展览、娱乐等功能于一体，堪称

"微型城市"。

在现代社会，人们的生活节奏明显加快，而工作与生活的空间分离，给追求效率、惜时如金的高级白领带来不便。为满足高效率、快节奏的工作、生活需要，综合体建筑应运而生。此外，综合体建筑多位于黄金地段，地产商为节约成本，提高运营效率，扩大盈利空间，往往不会投资建设仅有单一功能的建筑。

始建于1903年的东安市场，是北京较早的综合体建筑。东安市场集数百家店铺、茶楼、饭馆、旅馆、戏院等于一体，但居住功能并不突出。

1959年建成的民族文化宫，是中华人民共和国成立后的第一座综合体建筑，其建筑面积达3万多平方米。不过，其开放程度逊于真正的综合体建筑。

北京第一座严格意义上的综合体建筑，是位于建国门东南侧的长富宫中心。长富宫中心由中日合资建造，取名于"长城"和"富士山"的首字，1990年4月正式启用。这里不仅拥有五星级饭店、公寓、写字楼，还有健身房、宴会厅等配套设施。

不久，长期拥有"京城第一高度"称号的京广中心大厦开始试营业。其他较早建设的综合体建筑有国际信托投资公司大厦、中国国际贸易中心、京城大厦、燕莎中心、新东安市场、亮马河大厦、城乡贸易中心大厦等。北京的大型综合体建筑多分布在朝阳区CBD，海淀区中关村西区则是另一处大型综合体建筑聚集地。

结语：人往高处走

综观漫长的北京居住文化史，用"人往高

处走"五个字足以概括其总体发展态势。

这个"高"，体现在居住场所的高度上。从地穴、半地穴、平房、四合院，到高层住宅、综合体建筑，北京城越来越成为"天空之城"。皇帝是九五之尊，他的宫殿是京城最高的房屋。太和殿从地面到屋脊，通高约35米。现代住宅的房间，其高度在3米左右。太和殿的高度，相当于十几层楼。如今的北京城，十几层高的楼宇太普遍了，紫禁城早已被"淹没"在楼群之中。

这个"高"，也体现在居住质量、舒适度上。曾经，北京人的先辈守着油灯，睡着土炕，冬依火炉，夏扇蒲扇。一眨眼的工夫，他们的大部分后代住进了水电齐全、冬暖夏凉的楼房。外地人来到北京，可以选择招待所、旅舍、快捷酒店，也可以入住五星级酒店。

根据第七次全国人口普查数据，北京市常住人口为2189.3万，其中城镇人口为1916.6万（占87.5%），中心城区的常住人口为1098.8万（占50.2%）。城里人的居住条件，总体趋势是越来越好。住在乡村的272.7万人（占12.5%），也拥有1949年之前不能比的居住条件。

当然，楼房的"高"还体现在能耗上。现代居室的宽敞明亮、冬暖夏凉，是以能源的大量消耗为代价的。北京奥运村是"绿色建筑"的典范，但典范之所以成为典范，就在于它的稀缺性。

目前，首都上下一心，正在努力打造"人文北京""科技北京""绿色北京"，"把北京建设成为国际一流的和谐宜居之都"。希望这个目标早日实现。

第二篇
闭合的空间，丰富的内涵
——北京四合院概说

四合院，就是一种四面是屋子、中间是院子的建筑，属于我国传统的院落式住宅。

在所有民居中，北京四合院是声名显赫、拥有深厚文化底蕴的一种。

论分布范围，除了北京，河北、山东、甘肃及东北等地区也有四合院。论历史，中国最早的四合院出现在西周时期：陕西扶风县凤雏村拥有"中华第一四合院"。论现状，北京四合院总体上呈现"日薄西山"之势，其"地盘"几乎被高楼大厦蚕食殆尽。

尽管如此，北京四合院的显赫声名并未受损，它被视为华北地区明清住宅的典型，被当作京味文化的象征、老北京的城徽。

在四合院的发展史上，北京四合院的发育最充分，等级规格最齐备，蕴含的人文底蕴深厚久远。大到平面布局，小到细部装修，四合院的一砖一瓦都浓缩着独特的京味。在《旧京琐记》中，民国文人夏仁虎对北京四合院大加赞美：

"京师屋制之美备甲于四方，以研究数百年，因地因时，皆有格局也。户必南向，廊必深，院必广，正屋必有后窗，故深严而轩朗。大家入门即不露行，以廊多于屋也。夏日，窗以绿色冷布糊之，内施以卷窗，昼卷而夜垂，以通空气。院广以便搭棚，人家有喜庆事，宾客皆集于棚下。正房必有附室，曰套间，亦曰耳房，以为休息及储藏之所。夏凉冬燠，四时皆宜者是矣。"

字里行间，透着作者对北京四合院的钟爱。

一、四合院的方位

四合院的方位与胡同的走向直接相关，它有四种基本方位：胡同之北、胡同之南、胡同之东、胡同之西。当然，只有在胡同走向比较规则的情况下，四合院的基本方位才会表现为上述四种情况。

实际上，北京一些四合院的朝向并不是正方向的，尤其是外城的宣武和崇文地区。这些地方的胡同走向杂乱，四合院的方位也多有偏斜。

晚清、民国以来，大部分四合院逐渐演化为大杂院。居民在院内外见缝插针，破墙开门，搭建小房。原本是门洞，现在成了住房。原本是院墙，现在成了简陋的墙垣式大门。四合院的方位已经紊乱。

在北京旧城，传统居住区的胡同大都是东西走向，比如西四北头条至北八条、东四三条至八条等。因此，坐北朝南和坐南朝北的四合院比较多见。而鲜鱼口街东的草厂三条至九条则是南北走向胡同最为密集的传统居住区。在这片区域，许多四合院位于胡同东西两侧，多呈坐西朝东、坐东朝西两种方位。

坐北朝南的四合院，位于东西向胡同北侧。按照风水理论，这种方位的四合院是"坎宅"，其临街大门多开在巽位，即东南角。"坎宅巽门"是最理想的四合院方位。整个院子由南往北依次是倒座房、外院、垂花门（二门）、内院、东西厢房、北房（正房）、后罩房。

坐南朝北的四合院，位于东西向胡同南侧，被称为"离宅"，其临街大门开在西北角（即八卦的"乾"位），也就是北房西侧。有的离宅的临街大门位于院落东北角。

在南北走向的胡同里，四合院位于胡同的东西两侧，其临街大门也相应地开在东西两侧。坐东朝西的四合院，位于南北向胡同东侧，被称为"震宅"，其临街大门开在西南角。坐西朝东的四合院，位于南北向胡同西侧，被称为"兑宅"，其临街大门开在东南角。与"坎宅""离宅"相比，"震宅""兑宅"的倒座房、外院等的方位也相应地发生变化。"震宅""兑宅"的方位属于不标准的四合院方位，过去讲究的人家在建设或购置四合院时一般不会考虑这种方位。

四种方位的四合院都以坐北朝南的北房为正房，俗话说"有钱不住东南房，冬不暖来夏不凉"。

二、四合院的院落

按照进深，四合院可分为大、中、小三种类型。一般四合院的院落布局都是纵向延伸的，所以又被古建筑学家称为"纵向复合型院落"。把纵向延伸的四合院横向组合起来，就构成了并列式院落。

并列式院落又可以分出主次，形成一主一次并列式院落、两组或多组并列式院落、主院带花园院落等多种院落类型，这些院落都属于大型四合院。

（一）小型四合院

一进四合院是小型四合院，如果少了一面房屋，则被称为"三合院"。

小型四合院的布局较为简单：进了临街大门，几步穿过倒座房右侧的门道，正面是东厢房的南墙，这面墙上一般设有影壁。然后，顺势左拐，就进了院子。

南房又称"倒座房"，因为一般的正房都是坐北朝南，而南房则是坐南朝北，故有此称。院内左右两侧坐落着东西厢房。

北房为正房，一般有三间：一明两暗或者两明一暗。院内或有十字交叉的甬道连接四面房屋。为免雨天泥泞之苦，甬道大都由砖石铺成。沿着甬道，到门前拾级而上，就可登堂入室。

小型四合院的内部结构比较简单，只有四

合院的基本构架，没有垂花门、抄手游廊、后罩房、跨院，更谈不上前后院之分。

（二）中型四合院

二三进的四合院可以算作中型四合院。

中型四合院是在一进四合院的基础上发展而来的。进了临街大门，门道左侧有一间门房。过了门房向左，穿过月亮门，就进入外院。外院的倒座房一般是客房或男佣人的居所，或者被用作厕所、储藏室。内院和外院间有一墙之隔，通过院墙上的垂花门，就进入内院。内院有正房、厢房、耳房。正房、厢房之间，一般由抄手游廊连接。

三进四合院在正房之后还有后院，后院有后罩房。

（三）大型四合院

四进以上的四合院是大型四合院。大型

四合院或由四进以上院落纵向连接而成，或由纵向四合院进行横向连接，组成多座跨院和花园。在北京土语中，大型四合院又被称为"大宅门"。

王府是级别最高的四合院，在占地面积、房间数量、建筑材料、建筑样式和细部装修等方面，都是一般四合院不能比的。最明显的一点区别是，王府的大门安在宅院的中轴线上，而一般四合院绝对不能这样。

大型四合院的院落布局纷繁复杂，有前院、后院、东院、西院、正院、偏院、跨院、围房院、花园、轿屋、马号等。

四进四合院的院落布局如下：大门、倒座房→外院→垂花门→第一进内院→正房、厢房、耳房→第二进内院→正房、厢房、耳房→后院→后罩房（楼）。

大型四合院的代表是崇礼宅第，它位于东城区东四六条胡同内。该院落坐北朝南，占地面积达9858平方米。院落中，三条规整的中轴线将宅第分成三路，内部互相连通。院落三面临街，正面开3座临街大门。整个院落气势恢宏，原有房300多间，在规制上仅次于王府，号称"东城之冠"。

三、四合院的房间

清光绪年间，震钧在《天咫偶闻》中说："内城房式异于外城。外城式近南方，庭宇湫隘。内城则院落宽阔，屋宇高宏。门或三间，或一间，巍峨华焕。二门以内，必有听事。听事后又有三门，始至上房。听事上房之巨者，至如殿宇。大房东西必有套房，名曰耳房。左右有东西厢，必三间，亦有耳房，名曰盝顶。或有从二门以内，即回廊相接，直至上房，其式全仿府邸为之。"

通过这段记载，我们可以看到内外城四合院在庭院制式上的差异，还有内城四合院的正房（上房）、耳房、厢房等主要房间类型。下面，我们概略地介绍一下这几类房间。

（一）正房、耳房

正房是四合院中位置最好的房间，通常为七檩前后廊式构架，在高度、开间、进深上均优于其他房间。一般四合院的正房只有3间，而大型四合院的正房则多达5—7间。

正房左右两侧常常建有耳房。耳房在高度上低于正房，居从属地位。耳房或者单独开门，或者直接与正房相通。耳房一般是卧室或书房，而在郊区、农村也被用来储藏杂物。

要是四合院的院落过于窄小，只够盖4间

标准正房时，则在中间盖 3 间正房，两侧各建半间耳房，这就是"四破五"。旧时，北京民间流传着"四六不成材"的说法，瓦匠行当里也有"四间凶，五间吉"的讲究，所以正房间数要回避四、六等偶数。"四破五"的正房虽然占了四间房的地方，却有五间房的布局，回避了"四六不成材"。

在传统社会，重要的礼仪活动，比如婚丧嫁娶，都要在正房中举行。正房的中部为明间，被当作堂屋使用。这里供奉着祖宗的牌位，也用于接待宾客。正房的两侧为暗间。如果家里有老人，晚辈会将他们安排在正房两侧居住，以示尊崇。

（二）厢房、厢耳房

厢房位于正房前方的左右两侧，处于陪衬的位置。这类房间在开间、进深上都小于正房。一般而言，晚辈在此居住。厢房一般有3间：一明两暗。正中一间为起居室，两侧为卧室。厢房的用途比较灵活，不像正房的用途那样，受礼法秩序的约束。厨房一般设在东厢房，这可能与"东厨司命"的道教民间信仰有关。

有时，东西厢房还有厢耳房。厢耳房从属于厢房，其空间局促，所以这类房间通常被用作厨房、储藏室或女佣的住房。

正房、厢房不是各自孤立的，而是可以通过十字形露天甬道和抄手游廊互相贯通。抄手游廊将正房、厢房和垂花门连为一体，行走其间，可以免除烈日暴晒、雨雪寒湿之苦。

（三）倒座房

四合院的南房坐南朝北，与北房（正房）相对，故称"倒座房"。倒座房的南墙上通常有一些离地面很远的窗户，这样可以在确保室内安全的前提下增加采光。

一般而言，男佣往往住在倒座房之中。除大门占一间外，倒座房的其他空间可以用来设置门房、客房、私塾、厕所等。如果是大户人家，账房也在倒座房中。根据风水上的讲究，倒座房在高度上不能超过正房。

过去，大中型四合院的厕所在院落西南角（也就是倒座房最靠西边的房间）。这个方位被视为白虎凶位，而厕所里多污秽物，可以镇住凶神恶煞。

（四）后罩房

在正房之后，大中型四合院有后罩房。这类房间一般供女性家属居住。此外，后罩房还可以储放杂物。

由于后罩房的位置不太显眼，所以其房

间数受的限制不大。据《乾隆京城全图》描绘，庄亲王府大殿和后寝均面阔 7 间，后罩房则面阔 9 间。老恭亲王府大殿和后寝均面阔 5 间，后罩房则面阔 7 间。直郡王府的后罩房有 11 间之多。现在的帽儿胡同 11 号是一处四合院，其第五进院落甚至有 16 间后罩房。在达官显贵之家，后罩房的位置上往往建有高达二层的后罩楼。

后罩房（楼）房间多、朝向好，但房间比较狭窄，装修、用料也不如正房、厢房考究。正房的东耳房一侧留有小门，后罩房通过这个小门与内院贯通。如果四合院要开设后门，往往就开在后罩房最西边，这是八卦的乾位，适合开门。

四、四合院的屋面

中国古代建筑的屋面（俗称屋顶）主要有

庑殿顶、歇山顶、悬山顶、硬山顶、攒尖顶、卷棚顶等形式。四合院一般为硬山顶。硬山顶的山墙直砌到顶，木构架被全部封砌在墙内。屋顶上是仰合瓦，屋脊为清水脊，两端装饰蝎子尾，下面有砖雕。

屋顶的瓦分为两大类：筒瓦和板瓦。把两块相同的瓦扣在一起，呈圆筒状，这种瓦名为"筒瓦"。板瓦的特点是瓦的前端稍狭于后端，其横断面为小于半圆的弧形。同为硬山顶式房屋，因屋顶覆盖瓦件的不同，可以进一步分为如下几类：

（一）筒瓦屋面

铺设筒瓦屋面时，先以弧形的板瓦依次覆压，上一块瓦压着下一块瓦的大部分，并连接成一条沟。沟与沟之间的缝隙由半圆形的筒瓦覆盖。筒瓦屋面的下端为勾头瓦和滴水瓦。

皇宫和王府中多见筒瓦屋面，而筒瓦的质地、颜色有等级上的鲜明区分。黄色琉璃瓦级别最高，为皇帝专用。绿色琉璃瓦用于王府的殿堂、大门。寺院（尤其是皇家寺庙和敕建寺庙）是祭祀神灵的地方，多见黄色、绿色和黑色的琉璃瓦。琉璃筒瓦不得用于普通民居。

（二）仰合瓦屋面

仰合瓦屋面用凹面向上的仰瓦（阳瓦）作垄，盖在垄与垄之间缝隙上的是凹面向下的覆瓦（阴瓦）。阴阳瓦房所用板瓦的数量较多，房主需要具备足够的经济实力，才能建造。

（三）干挤瓦屋面

屋面只用仰瓦，不用覆瓦，导致瓦垄和瓦垄并排挤在一起，这类屋面被称为"干挤瓦屋面"。这种屋面比仰合瓦屋面少用大约一半的瓦，所以它不如后者档次高。

（四）灰梗屋面

在干挤瓦屋面上，把灰梗放到瓦垄间的缝里，防止雨水渗入，这种屋面被称为"灰梗屋面"。年久失修的干挤瓦屋面，其瓦缝间的白灰已被雨水侵蚀，所以需要增加灰梗以防水，于是有了灰梗屋面。

（五）棋盘心屋面

除了上述4种屋面，还有棋盘心屋面、灰顶（灰棚）等。

档次更低的房子只能以土为屋面，土顶房屋在北京的乡村里比较多见。这类房屋屋面的坡度较小，屋脊上要镶嵌瓦。比土房再简陋的就是平棚。

五、四合院的门

《黄帝宅经》说"宅以门户为冠带"。北

京四合院的门有"临街大门"和"垂花门（二门）"之分。临街大门面向社会，据礼制而设，中规中矩。垂花门深藏不露，富丽堂皇。

（一）临街大门

四合院的大门大致可分为两大类："屋宇式（或称屋门式）"和"墙垣式（或称墙门式）"。屋宇式大门虽然是门，但实际上由一间或多间房屋构成。墙垣式大门则直接与院墙连为一体，不起房屋。

1.屋宇式大门

屋宇式大门通常可分为王府大门、广亮门、金柱门、蛮子门、如意门和窄大门等。

（1）王府大门　王府大门是屋宇式大门中规格最高的。大门在王府宅院的中轴线上，其他类型的屋宇式大门则只能偏居宅院一隅。根据自身的级别，清朝宗室、其他八旗贵族装配不同的大门。不同等级的大门在门钉个数、琉璃瓦颜色、油饰色彩等诸多方面都有明确的区分，《清会典事例》中有据可查。

（2）**广亮门** 在等级上，广亮门次于王府大门。这种大门面阔一间，门口有廊，宽广敞亮，故有"广亮门"之称。

广亮门的屋顶为五檩四架椽的硬山式，一般覆盖阴阳合瓦。大门的槛框设在中柱之间，门外空间和门内空间是对等的。广亮门的门枕石、门簪、门钹等构件一应俱全，还有精美的石雕、木雕。大门内外通常设有影壁。因为大户人家出门都有车马代步，所以大门口少不了上马石、拴马桩之类的摆设。

广亮门是身份和财富的象征，其檐柱上安装着具有装饰性、象征性的雀替，足以表明这一点。

（3）**金柱门**　金柱门的槛框安装在金柱上，故称"金柱门"。因为金柱位于檐柱和中柱之间，所以门廊外部的进深浅于广亮门，又深于蛮子门、如意门等。金柱门和广亮门最直观的区别在于：金柱门的廊心墙没有广亮门的那样方正宽广。

在细部构造、屋顶、雕饰等方面，金柱门与广亮门基本类似。在金柱门檐柱与金柱之间的廊心墙部位，为精美的砖雕装饰留有空间。在体量、进深上，金柱门虽然没有广亮门大气，但仍不失威严与气派。金柱门之前，也常见上马石、影壁之类的设施。

（4）**蛮子门**　蛮子门的门框和门扇安装在外檐柱间，门扇的位置比广亮门和金柱门更靠前，所以门前无廊，檐下没有驻足的空间。

（5）**如意门**　如意门是北京四合院中最为

普遍的屋宇式大门，设在外檐柱之间，门口两侧与山墙之间的空间用砖砌实。如意门的门口较蛮子门更为狭窄。在如意门的门框与两侧砖墙上部相交的地方，常有如意状的花饰砖雕，故称"如意门"。

如意门有大有小。大的如意门，开间与广亮门相似，但檐柱用砖砌实，仅留出小门洞。门洞上方是两个门簪，门簪上常雕刻有"如意"两字。据说，这种大体量的如意门是从广亮门改造而来的。

如意门砖墙的面积是各种屋宇式大门中最大的，这为门楼上的砖雕创作提供了充足的空间。如意门的挂落等部件均可施以砖雕，图案有"四世同堂"等。若门楣上仅有素面栏板，则属于简陋的如意门。

（6）窄大门 窄大门虽然属于屋宇式大

门，但其宽度比上述大门都窄，仅占半个开间。因此，大门只有放置门框和门扇的空间，其他构件因空间狭小而无处安放。

2. 墙垣式大门

墙垣式大门多见于较简陋的小型四合院。王其明将墙垣式大门分为3种：小门楼、栅栏门和圆明园式门。与屋宇式大门不同，墙垣式大门只是开在住宅院墙上的大门，没有独立的屋宇。

3. 西式门

近代以来，西方建筑文化对中国传统建筑的影响日渐加强。因此，在建筑风格中，出现了中西合璧甚至全盘西化的情况。作为四合院建筑的组成部分，传统中式大门呈现出西方建筑手法，于是有了"西洋门"。

当然，文化交流从来都是双向的，某些

新兴西式建筑的大门也体现出中国传统建筑手法。例如，东城区北总布胡同2号是一处近代西式宅院，其大门的风格却融入了筒瓦、花墙、门簪等传统四合院大门的表现手法。

（二）垂花门

垂花门，因门上的檐柱垂在空中，而柱子上雕刻有华丽花饰而得名。垂花门是四合院内院的院门，位于宅院的中轴线上，是内院与前院的分界。

垂花门类型多样，有担梁式、单卷棚式、三开间四垂柱式、二层楼式等。

垂花门花罩、花板和垂柱头上的装饰非常华丽。檐柱下端的垂花主要有方、圆两种，多为仰面莲花、串珠等形状。垂花门透雕花板以花草饰样为主，内容主要有"福禄寿禧""子孙万代""岁寒三友"等。

（三）门的配件

1. 门枕石、抱鼓石

门枕石，是位于大门底部，起承接门轴、支撑门框作用的器件。门枕石的材质通常是汉白玉或青石，也有木制的门枕。

抱鼓石是街门门口两侧的装饰性构件。抱鼓石和门枕石由同一块石料雕琢而成，二者连为一体，门槛以外的是抱鼓石，门槛以内的是门枕石。

2. 门簪

门簪是串联门楣与连楹的构件，具有实际功用，后来它的装饰性作用越来越大。一般而言，门簪为圆柱形、六角形等，还有鱼、龙等形状。此外，人们喜欢在门簪上加一个门簪帽，并在上面雕刻出四季花卉，以及"富贵""福寿"等吉祥文字。有的人更为讲究，把《易经》上深奥的卦辞刻在门簪上。

3.门钹、门环

门钹是四合院门上的附属器件，上面有孔，人们用穿钉、穿销将其安置在两扇门中间靠里的地方。门钹中间隆起，呈半球形，从外观上看，它类似于中国的传统打击乐器钹。门环在门钹之上，既是门把手，又可以用来叫门，其作用类似于现在的门铃。门钹一般是六边形的，每个边上装饰着云字头花纹。门环则有圆形、椭圆形、扁叶形等形状。

皇宫、王府的门钹又称"铺首""兽面"，为龙头、狮子头等兽首形，兽首嘴里衔着半椭圆形门环。如果普通人家使用铺首，会招来杀身之祸。

4.门包叶

门包叶，又称"护门铁"，一般位于大门

下端。有的门的上、下两端都安装包叶，这种包叶名为"双向护门铁"。门包叶一般由铁制或铜制的金属片制成，由钉子固定在门板上，对门板起保护和装饰作用。

门包叶多是如意形，还有葫芦形、花瓶形、山形等，最简单的是长方形。如意门包叶象征事事如意。葫芦在中国民间是个吉祥物，八仙之一的铁拐李用葫芦降妖伏魔。而且，葫芦的谐音是"福禄""护禄"。此外，葫芦还是多子多福的象征。所以，葫芦形门包叶的象征意义较为丰富。花瓶形门包叶则取"平"字的谐音，象征平平安安。山形门包叶象征家庭稳定，好比泰山。

5. 门联

门联就是门心板上的对联，俗称"门对子"，它体现了宅院主人的审美情趣和内心世界。门联不同于春联，它一年到头都在门上，人们用油漆书写而成，或者将其雕刻在门板上。

过去，只有识文解字的人家才乐于在门联上做文章。门联的内容有"忠厚传家久，诗书继世长"等。不同时期的门联具有各自的时代特色。例如，在西城区东北园北巷9号院，有门联曰"物华民主日，人杰共和时"，这无疑是辛亥革命胜利后，民主共和观念深入人心的体现。

（四）影壁

影壁，古称"萧墙""门屏"，俗称"照壁""映壁"等，是设在四合院大门内部、外部、侧方的装饰性墙壁。门内影壁能起到保护院内生活私密性的作用。

人们进出大门时，看到雕饰精美的影壁，

能获得美好的视觉享受。同时，影壁还具有祈福迎祥、避灾驱邪的意义。影壁上的吉祥词汇寄托了人们的美好愿望，这些设计能使人获得较佳的心理暗示。

就形状而言，影壁既有一字的，也有八字的。从影壁与山墙的关系上看，既有独立影壁，又有坐山影壁（又名"跨山影壁"）。从材质上讲，既有比较多见的砖瓦影壁，又有较为稀有的木影壁、琉璃影壁、石影壁。北海公园内的九龙壁就是建于清代乾隆年间的琉璃影壁，而园内的"铁影壁"则是建于元代的石影壁。西城区鼓楼西大街有铁影壁胡同，北海铁影壁先前位于该地，胡同因此得名。

（五）上马石、拴马桩

在清朝，王公、贝勒等，年龄不到六十岁，须骑马。汉人大臣虽然可以坐轿，但这样的出行方式带来了较高的经济成本，于是他们普遍乘车。不管是骑马，还是乘车，到达目的地后都必须安顿好牲口。上马石和拴马桩就是为此而设的四合院配件。

只有大中型四合院门前才有上马石，所以上马石成了区分四合院等级高下的参照物。能享用此类宅院的人，出门时或骑马，或坐轿。为了上下马匹的体面和方便，上马石应运而生。

上马石一般有两块，分别设在大门外两侧。一块供上马用，一块供下马用。为了吉利，没有"下马石"的说法，两块石头通称"上马石"。为了便于使用，上马石通常为两级台阶状。

拴马桩专为拴系骡马而设，一般为石柱，也有木制、铁制的。有的拴马桩上还有雕饰。

王府专门设有马号，来往的车马都在这里。马号是存放牲口的地方，环境必然不佳，所以马号都与王府保持一定距离。

六、王府

四合院是一种建筑布局形式，北京地区的宫殿、寺庙、会馆等公私建筑，都有采用这种形式的。这里，我们主要谈谈清代王府。有人说，清代王府是仅次于皇宫的大四合院。

在清代，宗室封爵有亲王、郡王、贝勒、贝子等12个级别。不同等级的爵位，分别对应不同档次的俸禄、庄园、府第等。只有亲王、郡王的府第可以被称为"王府"。

在北京，现存的王府建筑多是在清朝顺治至乾隆年间建造的。除平西府外，清代的王府都在北京城内。平西府又称理亲王府。清代

《啸亭续录》记载："理亲王府在德胜门外郑家庄，俗名平西府。"

王府的产权归朝廷所有，由宗人府管理。无论是王爷还是辅国公，只要爵位被剥夺，他们的王府使用权随即丧失，他们的后代也没有必然的使用权。清朝灭亡以后，王府迅速衰败。失去稳定经济来源的王府后人，只得以出售王府房产为生。售出的王府，被改建为医院、学校、私宅、机关、研究机构等。

第三篇
北京名人故居

> 居住文化的创造者是人。不同的人，创造和享有的居住文化是不一样的。
>
> 人有社会名流，也有凡夫俗子，即名人和凡人。就名人而言，其故居在居住文化中具有重要地位。这类居所的建筑价值是次要的，人们更关注的是因名人入住而产生的文化价值和象征意义。

一、基本概念

首先要弄清楚两个基本概念：何为"名人"？什么算是"故居"？

"名人"就是著名的人物。这种"名"可能是流芳千古的善名，也可能是遗臭万年的恶名。只要名气足够大，他（她）就是名人。

北京很多四合院被列为文物保护单位，而里面住过的人物未必具有知名度，因而这类建筑被称为"旧宅院"，而不是"某某故居"。

到底哪些人算是北京的名人呢？笔者以为，以下三类人士都属于北京名人：

其一，在北京生长，并在历史上有过重大影响的人士，例如梅兰芳、程砚秋等。

其二，不是北京土著，但在北京长期生活并出名的人士，他们占北京名人的很大一部分。

其三，来北京之前已有很高知名度，此后在北京长期居住的人士。本身是知名人士，在北京短暂生活、工作过，并在此参与重要历史事件的人士，例如孙中山。

"寿恩固伦公主府"位于东城区内务部街11号，曾是道光帝一位女儿的宅邸，而道光帝有许多女儿，更何况这个女儿并未做过什么大事，所以算不上名人。

东城区雨儿胡同 13 号曾是齐白石的寓所。齐白石在此居住时，已经名满天下，可以说是典型的名人。

下面再说"故居"。故居就是过去的寓所。无论是寻常巷陌中的茅庐草舍，还是高楼大厦，只要名人住过，都可以算作广义上的名人故居。老舍、梅兰芳、侯宝林等名人长期生活在北京，他们各自在北京的居所往往不止一处，如果单挑出其中一处，冠以"名人故居"，其余的都不算，这在情理上说不过去。

名人在北京住过一两夜的旅馆、曾短期寄居的地方，算不算名人故居呢？这需要具体分析。那些名人虽短住，却发生过重要历史事件的地方，应该算作名人故居。

二、历史

元代以前，北京不是全国性的都城，也缺乏全国性的号召力。那时，原籍北京的名人寥若晨星，流传下来的名人故居屈指可数。

北京最早的名人故居，当属大兴区榆垡镇西张华村的张华故宅，它距今约1700年。张华是西晋著名文学家，他学识渊博，著有《博物志》。《晋书·张华传》说他是"范阳方城人"。方城之地，大体相当于今天的河北省固安县。1954年，固安县将永定河北岸的多个村庄划给大兴县（今大兴区的前身），张华故居的所在地就在其中。1958年，大兴县被从河北省划入北京市。于是，张华从"河北固安人"变成了"北京大兴人"。1982年7月，人们发现了张华故宅旁的八角井栏，由此确定了张华故宅的具体位置。

元代定都北京，此地一跃成为人文荟萃的首善之区。为官者在北京大展宏图，"十年寒窗无人问"的儒生在北京求取功名，醉心于经史、潜研于理化的专家学者看中了北京的文化氛围和研究环境。于是，北京逐渐成为名人出生地、成长地、成名地，而北京城的名人故居也遍地开花。

三、集中分布区

物以类聚，人以群分。具有相同身份、职业、志趣的人往往会聚集在一起，名人也不例外。于是，北京出现了名人寓所的集中分布区。偌大一个北京城，名人们能住在同一个院落、同一栋楼房、同一条胡同，这种缘分自然不浅。

从宏观上看，东城、西城两个区是众多名

人寓所的所在地。此外，海淀区的名人寓所也不少，而远郊区鲜有名人寓所。

（一）积水潭边好栖居

什刹海，历史上又称"积水潭"，由前海、后海和西海三部分组成。什刹海历史悠久，在北京城市发展史上具有举足轻重的作用。著名历史地理学家侯仁之先生说过，"如果没有当初的积水潭，难道还会有在设计上具有如此特色的北京旧城么？"他还认为，在北京旧城的历史发展过程中，什刹海是两处最富有人民性的地方之一（另一处是天桥）。

现在，什刹海成了著名风景区。这里的历史遗存丰富，仅王府就有醇亲王府、恭王府、庆王府三座。此外，这里的酒吧、咖啡馆鳞次栉比。更重要的是，从清代开始，什刹海就是政界、文学界等各领域名人的聚居区。

清初，著名词人纳兰性德出生于后海的大学士明珠宅邸。清末，洋务派首领之一、军机大臣张之洞曾住在白米斜街。20世纪40年代，张之洞故居被其后人出售给哲学家冯友兰。中华人民共和国成立后不久，冯友兰先生举家迁至燕南园，离开了白米斜街11号院。

著名文物鉴赏家张伯驹的故居位于后海南沿26号，北临什刹海。鸦儿胡同6号的二层小楼是著名作家萧军的故居。20世纪50年代初，萧军定居北京，在这座小楼里一直住到去世。他把这里称为"银锭桥西海北楼"，楼里就是书房"蜗蜗居"。梁巨川、梁漱溟父子故居位于西海西沿2号。梁巨川生活在清末民初，什刹海的风景再美，也无法填补清朝灭亡给他带来的心理落差。1918年，梁巨川带着对晚清的眷恋，投湖自尽。同样投湖自尽的老舍先生，出生于什刹海西南的小杨家胡同 8 号。"末代皇帝"溥仪的胞弟溥杰，晚年住在什刹海南的护国寺街 52 号。1960 年，溥杰获特赦后回京，在这里度过了晚年。

兴华胡同 13 号是历史学家、教育家陈垣先生的故居。他担任辅仁大学、北京师范大学校长时寓此。作家丁玲晚年寓居什刹海南岸的大翔凤胡同 3 号。1960—1985 年，作家杨沫在什刹海以南的柳荫街住过。中华人民共和国成立后，"抗战诗人"田间住在后海北沿 38 号，直至 1985 年去世。山水画家周怀民在西海西沿 7 号度过了中华人民共和国成立后的人生。

不只文人墨客乐于栖居什刹海畔，军政人物也愿意在此安家。民国初年，著名将领蔡锷曾在位于什刹海西南的棉花胡同 66 号住过，他与小凤仙的故事就是在这里发生的。一位特殊人物曾住在后海北沿 24 号，他就是著名的国际共产主义战士、医学专家马海德。马海德是黎巴嫩裔美国人，曾任八路军总卫生部的顾问。1950 年，经周恩来总理亲自批准，马海德成为第一个加入中国国籍的外国人。

（二）士子名伶，于斯为盛

清代，汉族官僚多住南城。夏仁虎《旧京琐记》载："旧日，汉官非大臣有赐第或值枢廷者皆居外城，多在宣武门外，土著富室则多在崇文门外，故有东富西贵之说。"于是，宣武门以南成了汉人官宦和流寓京城的士人的聚集地。

人员的聚集，使宣南地区的商业和娱乐业繁荣起来。旧时，京剧是京城的主要娱乐形式之一。在酷爱此道的汉族士大夫的追捧下，京剧名角及其他曲艺表演名家相应地聚居在宣南地区。

汉族官绅或居住在自己的私人宅第内，或赁屋而居，更多的则居住在会馆内。所以，浏阳、宣城等会馆，分别成了谭嗣同、施愚山等著名人物的故居。

因为集中了汉族官吏、士子、名伶，所以有的胡同成为名人故居集中的地方，丞相胡同（又称"绳匠胡同"）就是一例。"戊戌六君子"之一的刘光第曾说：

"（绳匠胡同）此胡同系京师最有旺气之街道（即如今年主考，亦惟此街放得最多，此系地脉所管，街背南半截胡同次之）。第与同司主稿正郎汤伯温（名似瑄，江南人）同斋另院而共一大门。宅正对门则恽颜＜彦＞彬（广东正主考）；宅斜对门则孔祥霖（云南＜甘肃＞

主考）；宅左（隔两三宅门）则戴北＜兆＞春（陕西正主考）；宅后（隔一宅门）则＜李＞文田（江南正主考）。盖气旺则无事不旺也。"

有研究表明，宣南地区的士人寓所主要集中在三个核心街区，即以丞相胡同为中心的街区，以琉璃厂为中心的街区，以上斜街为中心的街区。

在宣南地区，曲艺界名人的故居更是不胜枚举。从名列"同光十三绝"之一的余三胜开始，程长庚、谭鑫培、梅兰芳、尚小云、荀慧生等众多京剧名角都曾在此居住。而著名的京韵大鼓表演艺术家白云鹏、刘宝全，评剧表演艺术家新凤霞等也在宣南地区长期生活过。

（三）大师云集属燕园

北京大学是我国最为著名的文理科综合性

大学，汇集了为数众多的学术大师。

侯仁之先生在《燕园史话》中说，燕园是北京大学校园最流行的名称。燕园因燕京大学而得名，本来是校园的一部分。1952年，全国高等院校调整，北京大学由沙滩迁到燕园。20世纪80年代初，燕园街道办事处成立，其辖区内的燕南园、燕东园、中关园、蔚秀园、朗润园、承泽园、畅春园等均为北大教职工住宅区。

1. 精神圣地——燕南园

燕南园共有17栋住宅，其门牌号为50—66号。它们或为二层洋楼，或为仿古中式平房，或为平房与楼房的混合体。起初，每栋住宅只住一户，主要供燕大的外籍教师使用。中华人民共和国成立后，经过调整，不少住宅住进了两三户人家。再往后，有的住宅旁边出现了简易房。

50号是向达先生的故居，他曾任北大图书馆馆长、历史系教授。北大党委书记兼副校长江隆基也在这里住过。早先，江隆基住在57号，后来他得知：54号的冯友兰家住房紧张，50号的经济学家严仁赓家里没有暖气。于是，他把57号让给冯友兰，让严仁赓搬到54号，自己则搬到50号。

51号是历史学家齐思和先生的故居。齐先生是燕园的第一位哈佛博士，是史学界罕见的兼通中国史和世界史的大家，曾任燕大历史系主任、文学院院长。齐先生之后，数学家江泽涵在此一住就是40多年。同住51号的有物理学家饶毓泰先生，他曾任北大理学院院长、物理系主任。饶先生去世后，北大党委书记陆平一家搬到51号。再后来，为了迎接物理学家吴大猷先生，校方将 51 号修整一新。吴先生本打算来京常住，却不幸在 2000 年逝世。

52 号是中文系教授、语言学家林焘先生的故居。林先生是 20 世纪 60 年代就搬进燕南园的老住户。此前，经济学家罗志如和物理化学家黄子卿也曾入住 52 号。

54 号的主人曾是历史学家洪业。洪先生担任过燕大文理科科长、历史系主任，培养出了聂崇岐、冯家升、翁独健、侯仁之、王钟翰等学术大家。冯友兰曾短暂住在 54 号。此外，20 世纪 60 年代，陆平、严仁赓、数学家庄圻泰也曾在 54 号住过。

1952 年，北大校长、物理学家周培源住进 56 号，一住就是 30 年。这里花木繁盛，人称"周家花园"。周培源之后，经济学家陈岱孙先生搬到了这里。

57号是冯友兰的"三松堂"。他去世后，女儿宗璞一家住在这里。宗璞是著名作家，获得过茅盾文学奖。她在57号的居室名为"风庐"。

58号是哲学史家汤用彤先生的故居。著名语言学家叶蜚声先生也曾住在这里。

59号是物理学家褚圣麟的寓所。褚先生曾经担任燕大物理系主任、工学院院长，北大物理系主任等职，是我国宇宙线研究的开拓者。

60号曾是燕大美籍教授夏仁德的寓所。1954年，语言学家王力先生由中山大学调任北大，住进了60号。

61号是侯仁之先生的寓所。院系合并之前，侯先生与夫人张玮瑛曾住在佟府、燕东园，后来成为燕南园少有的"资深居民"。

1952年，诗人、文学史家林庚先生任北大中文系教授，并入住62号。至2006年去世时，他一直住在这里。

63号是一处仿古建筑，据说这里本是燕大美籍音乐教授范天祥自费修建的住宅。中华人民共和国成立后，北大校长马寅初曾在此居住。马先生搬走后，陆平在此办公。1975年，曾任北大副校长的语言学家魏建功由燕东园迁至63号。世人对魏建功在现代语言学、古典文献上的学术建树可能不了解，但他主持编纂的《新华字典》可是尽人皆知的。

65号曾是法学家芮沐的故居。芮先生为我国宪法学、市政学、《中华人民共和国香港特别行政区基本法》、《中华人民共和国澳门特别行政区基本法》作出了重要贡献。

66号是吴文藻、谢婉莹（冰心）夫妇的故居。吴先生是社会学家，谢婉莹是著名作家、儿童文学家。美学家朱光潜是另一位住过66号的学术大师。

2."鸟居高林"——燕东园

在燕东园内，起初有22栋两层住宅，它们是燕大教师住宅楼，其建设时间与燕南园差不多。1957年起，有关方面对这里进行了多次改扩建，原有的建筑风貌已经所剩无几。

古语说："良禽择木而栖。"在燕东园的名人故居史上，曾出现"鸟居高林"的佳话。这四个字既有北大教授"居高声自远"、引领学术潮流的含义，又隐含了三位学术名人的姓。

"鸟居"就是日本汉学家鸟居龙藏。抗战年代，日军占领北京，为加强对燕京大学的控制，侵略者在各院系安插日本教员。1939年，鸟居龙藏来到燕大，任客座教授，一直到1951年。在燕大期间，鸟居并未与侵略者同流合污，而是反对侵略战争，为燕大作出了贡献。他曾住在燕东园31号。

"高"是语言学家高名凯先生。1935年，高名凯毕业于燕京大学哲学系，旋即升入燕京大学研究院。1940年，他获得法国巴黎大学博士学位后，历任燕京大学国文系、北京大学中文系教职。1945年起，高名凯一直住在32号。

"林"是著名的民族学家、人类学家、社会学家林耀华先生，他住在33号。

当年，燕东园是一棵枝叶茂盛的大梧桐树，它吸引的"金凤凰"远不止上述三位。

1954年，诗人、德国文学研究家冯至迁

居 22 号。文学史家游国恩在 34 号住了 20 多年。长期担任北大中文系主任的文学理论家杨晦，曾先后入住 39 号、37 号。考古学家、新月派诗人陈梦家，诗人兼文艺评论家何其芳，古典文学研究家浦江清都在燕东园住过。

东语系教授马坚住在 25 号，他是中华人民共和国阿拉伯语教育的开拓者。30 号是俞大纲的故居，他是英语语言文学家。

历史学家周一良先生住在 24 号，他的专长是魏晋南北朝史研究。周先生的夫人邓懿也非等闲之辈，她是我国对外汉语教学的开创者之一。

哲学家、逻辑学家金岳霖先生由清华转入北大，住的是燕东园。西方哲学家洪谦住在 26 号，他是维也纳学派在中国的唯一传人。朱光潜曾住在燕东园 27 号，后来搬到燕南园 66 号。

3. "朗润园四老"

朗润园是清代皇帝赐给皇亲的园子，位于北京大学校园的东北角，南连未名湖，北与圆明园隔万泉河相望。20世纪20年代初，燕京大学购得朗润园，供教职工住宿。1962年后，北大在朗润园建了6座公寓。季羡林、金克木、邓广铭、张中行四位老先生同期住在这里，他们并称"朗润园四老"。

季羡林先生堪称"国宝"。他曾任北大东语系主任、副校长。金克木先生是印度语言文学专家、翻译家，1948年后长期任北大东语系教授。邓广铭先生是历史学家，1950年后为北大历史系教授，曾任系主任、中国宋史研究会会长。张中行先生1935年毕业于北大中文系，平生涉猎广博，于语文、佛教、人生哲学均有建树，堪称"杂家"。

"四老"齐集朗润园时，他们之间的交往并没有多么紧密。正所谓"君子之交淡若水"，他们之间更多的是神交。季羡林先生曾讲到，他与张中行先生在"早晨散步时，有时会不期而遇，双方相向拱手合十，聊上几句，就各奔前程了"。

寓居朗润园的名人不止"四老"，吴组缃（作家、古典文学研究家）、宗白华（美学家）、周祖谟（语言学家）、周一良（历史学家）等饮誉海内外的学术大师也曾在此居住。吴组缃与季羡林是清华同学，他们俩与林庚、李长之并称"清华四剑客"。美籍老教授罗伯特·温德也住在朗润园。或许，用"朗润园诸老"概括这里的名人更恰当一些。

（四）当年名宿此传经

1988年，民俗学家钟敬文先生来到清华

大学清华园。游览后，他写下了《清华园二绝》，其一云：

当年名宿此传经，抗暴危时楚两生。

白发园游心折处，一多像与自清亭。

诗中提到了闻一多和朱自清，两位先生都曾在清华园执教、生活。除了他们，这里还留下了众多文史大家、理工名宿的身影。

早在明代，清华园就是京城西北郊的著名园林之一。1911年，清华学堂在此成立。当时，园内仅有工字厅、北院、怡春院、古月堂等少数几个住宅区。中华人民共和国成立前，园内已建成的住宅区还有甲所、乙所、丙所、照澜院、西院、胜因院、普吉院等。

工字厅是清华建校初期的教师住宅。曾

住在这里的吴宓先生称之为"藤影荷声之馆"。1924 年，印度大诗人泰戈尔应梁启超之邀访华时，曾在此下榻半月有余。

北院是国内较早落成的高标准教员住宅。梁启超、朱自清、叶企孙、陈岱孙、施嘉炀等名人都曾寓居于此。其中，叶企孙和陈岱孙有"三同"：留学美国同学、清华大学同事、同住北院 7 号。

西院有"旧西院""新西院"之分，王国维、陈寅恪、朱自清、闻一多、熊庆来、杨武之、雷海宗、吴晗等都曾在此居住。

胜因院建于抗战胜利后，其设计方案出自林徽因之手。抗战期间，并入西南联大的清华大学曾租借昆明"胜因寺"为校舍，胜因院即得名于此。机械工程学家刘仙洲曾在院内 1 号住过。其他在胜因院住过的人有梁思成、林徽因夫妇，中国植物生理学的奠基人之一、曾任清华大学农学院院长的汤佩松，社会学家吴景超，社会活动家、社会学家费孝通，文学家、清华中文系主任李广田等。

照澜院建成于1921年，当时已有北院，照澜院因在北院的南侧，所以又称"南院"。后来，南院的南部出现了新住宅，称"新南院"，于是"南院"成了"旧南院"。人们取其谐音，改称其"照澜院"。清华大学校长梅贻琦、体育教育家马约翰、语言学家赵元任、历史学家陈寅恪等人，都曾住在照澜院。

新林院位于"南院"之南，即上文中的"新南院"。人们取其谐音，于是"新南院"成了"新林院"。曾在此居住的著名教授有陈岱孙、俞平伯、吴有训、蒋南翔、施嘉炀、张荫麟、闻一多等。

普吉院在"新南院"之南，俗称"新新南院"，当时供一般教职员居住。

　　当然，北京的名人故居集中分布区并非仅有上面几处，史家胡同等地也是学者、军政要人的故居所在。中科院是科技界名人云集的机构，而中科院宿舍又集中分布在中关村，这里不少不起眼的宿舍楼，往往是科技巨子的故居所在。位于干面胡同的中国社科院宿舍，则是人文社科学者"卧虎藏龙"之地。

第四篇
客居北京

来到北京的外地人、外国人，无论是立志干大事的英雄，还是衣不蔽体的流浪者，在满足口腹之欲后，都要解决住宿问题。北京的会馆、饭店、旅馆、公寓、鸡毛店、会同馆、使馆等就成为他们的落脚处。

一、他乡中的故乡

会馆是以地缘或业缘为纽带而形成的城市社会团体。关于会馆何时出现于北京，说法不一。可以肯定的是，最早的会馆是在明朝永乐年间产生的。

会馆为同乡人（包括在京任职者、来京参加科举考试者等）在京旅居提供服务。功能齐备的会馆设有祠堂、会场、戏楼、学堂、餐厅、住房、义园等设施。

会馆负责人一般由官位较高、声望显著者担任，有的会馆则通过董事会管理。会馆制定规章，对入住者的行为做相应限制。比如，不许住客藏匿赌具、招引优伶、酗酒生事等。

同乡人入住本地会馆，免交房租，还可以享受各种便利条件。此外，会馆往往供奉本地的神。例如，福建会馆通常供奉天妃。住在会馆里，可以暂把他乡做故乡。曾国藩、康有为、谭嗣同、沈从文、聂耳等知名人士都曾在北京的会馆里留下足迹。

会馆可以分为省馆、府馆和州县馆三大类。有的省有几个会馆，分为新馆、老馆，或者以东、西、南、北、中加以区别。例如，云南省有云南会馆、云南北馆、云南老馆、云南东馆。有的会馆是几个县联合设立的，宝庆五邑馆、凤翔八邑馆都属此类。

北京到底有多少会馆？清朝道光年间的《都门杂记》记载，北京有 324 处会馆。咸丰年间的《朝市丛载》认为，北京有 392 处会馆。光绪《顺天府志》中提到了 445 处会馆。1931 年 11 月的《最新北平全市详图》记载了 366 处会馆。1935 年出版的《北平旅行指南》记载了 355 处会馆。1936 年 2 月，燕京大学社会学系学生做的《北平会馆调查》只提到了 338 处会馆。1951 年 8 月，据北京民政局统计，北京有 401 处会馆。1960 年，有人在北京实地调查到的会馆有 392 处。总体而言，北京有三四百处会馆。

各省在京设立的会馆数量多寡不一，多的有五六十处，少的有一二处，而有的省份在北京没有会馆。江西省籍的会馆在各个时期都是最多的，在各种记载中，其总数大都不低于 50 处，浙江省次之，安徽、山西、广东、湖北的会馆也时常在 30 处以上。而东北、云贵、山东等地的会馆则非常少。

会馆分布在 150 多条胡同里，宣武门外大街上的会馆最多，粉房琉璃街、长巷四条等街道上的会馆也较多。

科举制度被废除以后，大部分会馆逐渐转化为同乡会的活动场所，有的会馆成为军阀、官僚进行政治活动的地方。随着城市的现代化，旅馆、饭店等面向全社会的服务设施日渐发达，传统会馆失去了存在的基础。

1950 年，北京市成立了会馆管理委员会。截至 1956 年 5 月，各省在京会馆陆续转归北京房管局管理，传统会馆的历史由此终结。

二、客舍似家家似寄

北京近代旅馆业只有百年左右的历史。《清稗类钞》将清代北京的旅馆分为两类："一则备饭不备肴，肴须客自择，别计钱，饭兼米麦而言之，无论食否，必与房资合算。一则仅租房屋无饭肴，即水钱亦须由客自给。"

民国时期，北京旅馆业有所发展。据民国《北京市志稿》记载，当时"本市旅馆之名称不一，旧式多称客栈、客店，新式辄称宾馆、饭店，然亦不尽名副其实。公寓则为包月长住之所，至于下级客留之所，则曰伙房、小店。市内旅店之数目，计华、洋饭店约二十余家，旧式客栈约百余家，公寓约三百余家，伙房、小店约二百余家，资本大小不一，其店员统计不下三四千人"。

（一）饭店

老北京的饭店，是提供住宿、餐饮、娱乐、会商等服务的场所。饭店服务周到，设施先进齐全，收费也较高，不是寻常百姓能消费得起的。例如，位于东交民巷西口的华安饭店，地处使馆区，环境幽静。其房间内有洗澡间，旅客均有专人接待，上下楼有电梯（时称"电力升降机"）。这里昼夜提供中餐大菜、英法大菜、中西点心。

饭店也分三六九等，位于西郊的香山饭店和位于灯市口的北辰宫饭店就比较便宜。1937年4月，著名作家萧红来到北京，因为一时找不到合适的房子，她曾住进北辰宫饭店。总体上看，东长安街上的高档饭店最多，而且多系外资饭店。位于东交民巷的六国饭店，据说是由日、美、英、法、俄、德六国合资兴办而得名的。

说到饭店，不能不提大名鼎鼎的北京饭店。北京饭店位于王府井南口、东长安街 33 号，其前身是小酒馆"西宾馆"，由瑞士人于 1900 年冬在东单兵营东面开设。次年，西宾馆搬到兵营北面，更名为"北京饭店"。在相当长的一段时间内，这里一直是北京规模最大、设施最好的饭店，孙中山、冯玉祥、张学良、蒙哥马利等中外军政要人都曾下榻北京饭店。

20 世纪 50 年代，北京有北京、前门、民族、新侨、和平、六国、西苑、香山（一说西郊）"八大饭店"。1952 年，为了满足"亚洲及太平洋区域和平会议"与会人员的住宿需求，有关方面建设了和平宾馆，其设计方案出自建筑大师杨廷宝之手。和平宾馆堪称当代建筑的经典之作。友谊宾馆，初名"专家招待所"，建于 1953 年，是来华苏联专家的居所。其建筑风格具有鲜明的"复古主义"色彩。民族饭店、钓鱼台国宾馆则位列中华人民共和国成立十周年"十大建筑"之中。

改革开放以后，北京市的星级饭店数量更多，分布更广，出现了建国、长城、丽都、昆仑、希尔顿等著名的饭店。

（二）旅馆、客栈

在清代，旅馆、客栈往往分布在交通便利、商业繁荣之处。闻名遐迩的北京同仁堂中药店，就创立于大栅栏的一个客栈里。海淀区香山街道的煤厂街，曾经是一处煤炭集散地，所以也有不少客栈。历史上，通州是京杭大运河北端的大码头，南来北往的人员、货物都要经过这里。所以，通州的旅馆、客栈、货栈都比较多。清末，铁路开通，漕运停办，通州的相关业态逐渐衰落。

民国时期，北京的旅馆、客栈有中、西之分，其中旅馆以西式为主，而客栈主要是中式的。

西式旅馆内的摆设、器皿都是西式的，卫生状况较好，其房价比饭店便宜。客栈主要是供商人住宿的地方，其房价比旅馆便宜。

20世纪20年代，前门车站附近的旅馆鳞次栉比，竞争比较激烈。位于前门外施家胡同路南的三义客店在同业中享有很高的名望。其前身为镖局，有关行业衰落后转为客店，"三义"字号不变。该店的规模、设施比较平常，但因为经营有方，服务诚信，所以生意兴隆。

（三）公寓

民国时期，在北京大中学校附近出现了一些公寓。这些公寓主要供来京求学的学生寄宿。1925年8月，巴金来北京报考北京大学时，就住在位于北河沿的同兴公寓。

公寓不同于饭店、客栈，它是客人长期居住的地方，提供食宿，价格相对低廉，而且不用每日结算，客人一般一个月交一次费用。有的公寓名为饭店，实际上是公寓。例如，西城辟才胡同南宽街上有"状元府饭店"，从"状元府"三个字就知道这是为学生开的公寓。

住公寓不同于租房，租房的稳定性比住公寓强，但房东只管收房租，并不提供膳食。对于公寓老板来说，开公寓的利润虽然不如开饭店，但是投资小，收入稳定，而且多数学生的信誉好，一般没有拖欠房钱的现象。

学生住公寓的原因无外乎以下两点：第一，学校校舍紧张。第二，住公寓比较自由，而且不用自己操办膳食，便于学习和社交。徐崇寿在《北平的公寓》中提到，公寓有"出入方便，起居方便，留人方便"的优点。所以，在京求学期间，沈从文、丁玲、张中行等一大批文化名人都曾住过学生公寓。

公寓与大中学校有共生关系。学校集中之处即公寓分布的密集区域。民国时期，北京大中学校主要分布在西城一带，包括北京大学医学院、北洋大学北平部工学院、辅仁大学、中国大学、华北文法学院、铁道管理学校等，所以此地的公寓也最密集。西郊虽然有清华大学和燕京大学，但毕竟学生数量较少，且大都住在校内，因此西郊一带的公寓并不多。

中华人民共和国成立后不久，有关方面在海淀区建设了一批新型高校，学生都在校园里居住。随着校内住宿的日益普及，原有的学生公寓逐渐归于沉寂。

20世纪80年代后期，兴起了专为商界精英服务的高档公寓，比如国贸、燕莎、长富官等。建国门外、三里屯等外交公寓，则是专为各国驻华外交人员建设的。

（四）鸡毛小店

身无分文的流浪者、乞丐，住不起饭店、旅馆或公寓。可无论如何，他们也要找个夜里睡觉的地方。特别是在天寒地冻的冬天，衣不蔽体、食不果腹的流浪者如果露宿街头，肯定要被冻个半死。

人虽然不能像禽鸟一样通过身上的羽毛避寒，但却可以利用羽毛来防寒。北京城四郊关厢、城内天桥一带的鸡毛小店，就是用鸡毛来防寒、专供乞丐居住的地方。上述地区相对繁华，交通便利，流浪者较易谋生，以他们为服务对象的鸡毛小店自然集中于此。

在清代，京城鸡毛店有如下基本特征：其一，鸡毛店不是免费的，要花上几文钱才能入住。其二，这里没有棉被。店里以鸡毛铺地，客人睡在地上，身上盖鸡毛被，以达到御寒的目的。其三，鸡毛店每日结账，只提供夜宿服务，天明客人就得离店。

民国时期，鸡毛小店仍旧存在，其特征也大致不变。当时，北京的鸡毛店主要分布在朝阳门外和天桥南边一带。平时，每晚的店钱是一个铜元。到了冬天，店家在屋子当中的地上挖一个火坑，并在其中烧柴供暖，而店钱也涨到了五六个铜元。有时候天气恶劣，不宜外出，店主就熬一锅粥，供乞丐食用。粥当然不是免费的，日后要交钱。鸡毛店里男女混杂，晚上只能和衣而睡，也不能脱鞋。这主要不是为维护男女之大防，而是如果有人解衣脱鞋，缺衣少鞋的乞丐说不定会顺手牵羊，所以还是穿在自己身上保险。

鸡毛店是住宿条件最为恶劣的住处，与之类似的有小孩儿店等。如果住不起这些小店，就只能露宿街头或"趴排子"（在别人家门洞或店铺的屋檐下趴一宿）。方志学家傅振伦先生在北京读书的时候，还经常见到如下景象：乞丐身着用报纸连缀而成的纸衣，晚上睡在熄了火的烧饼铺的灰炉旁边。

中华人民共和国成立后，鸡毛店在北京绝迹。

三、外国人在北京

外国人来到北京城，也要找个落脚的地方。他们身份特殊，不能随心所欲地选择居住地，有关内容要单独讲。

（一）会同馆、四译馆

北京是元明清三代的政治中心，也是"蕃夷使者"前来朝贡的地方。为了接待外国使节和少数民族代表，有关方面在北京设立了会同馆、四译馆等机构。

元代建有会同馆，由礼部管理，用于"专居降附之入觐者"。政府规定"敕非远方归附人毋入会同馆"。明承元制，永乐初年，有关方面在东江米巷（即后来的东交民巷）设立会同馆。后来，会同馆分为南北两馆，北会同馆在今台基厂一带，南会同馆在东江米巷。

清代，政府仍旧在东交民巷设立会同馆（会同四译馆）。康熙年间，为便于中俄通商，有关方面在东交民巷路北建立俄罗斯馆，它实际上是俄国大使馆的雏形。当然，会同馆不只是为外国或少数民族代表提供食宿的馆舍，还是进行朝贡贸易的地方。

（二）东交民巷

近代，清朝"天朝上国"的迷梦被外国的坚船利炮打得粉碎，"朝贡外交"被近代外交取代。根据《辛丑条约》，以东交民巷为核心的附近区域被划为使馆区，区内原有居民、官署一概迁走。由于使馆区紧邻皇宫和中央官署，实际上这里起着监控清政府中央政权的作用。在使馆区，美、法、德等国不仅单独设有兵营，驻扎军警，建有碉堡、炮台，还配套建设了教堂、银行、邮局等，成为清王朝管辖之外的"国中之国"。清末大学士徐桐曾住在东交民巷路南，与外国使馆为邻，于是他做了一联："望洋兴叹，与鬼为邻。"不久，徐桐被迫让出住宅，而徐宅则被改建为比利时使馆。

1928年，南京国民政府建立，各国使馆

南迁。当时，北京改称"北平"，原有各国使馆降格为领事馆。然而，除苏联外，各国仍旧拥有在东交民巷的驻兵权。北平和平解放后，美、法、荷等国兵营的地产和房屋陆续被军管会收回或征用。现在，东交民巷的主要建筑物是中国近代史的重要实物见证。

（三）中华人民共和国的使馆区

中华人民共和国成立初期，部分使馆位于东交民巷，部分使馆零星分布在旧城的胡同里。例如，朝鲜大使馆设在帽儿胡同，阿富汗大使馆位于菊儿胡同，后圆恩寺胡同里则有南斯拉夫大使馆，苏联大使馆的馆舍在东直门原俄国东正教堂旧址。

随着建交国家的日益增多，根据周恩来总理的指示，有关部门在北京东北部规划建设了新使馆区，即第一使馆区（建国门外）。后来，

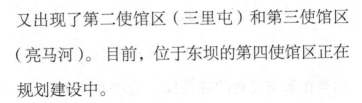

又出现了第二使馆区（三里屯）和第三使馆区（亮马河）。目前，位于东坝的第四使馆区正在规划建设中。

第一使馆区，又称"南使馆区"，始建于1957年，位于今朝阳区建国门外大街北侧一带。当时，这里主要是波兰、阿尔巴尼亚等东欧社会主义国家和亚非拉国家大使馆的所在地。

第二使馆区，又称"北使馆区"，始建于1961年，位于亮马河以南的三里屯、塔园一带。当时，此地主要是西方发达资本主义国家使馆的所在地。

上述两大使馆区内共有100多个使馆的馆舍，还有友谊商店、国际俱乐部等配套设施。其中，大部分馆舍是我国统一建设并租给各国的，只有加拿大、澳大利亚等少数十几个国家自费建设使馆。

20 世纪 90 年代初，有关方面在亮马河以北开辟了第三使馆区。2004 年 2 月，美国驻华使馆新馆舍在第三使馆区开工。日本、法国、德国、以色列、韩国、印度等国的新大使馆也纷纷落户第三使馆区。与此同时，不少著名跨国公司和高档涉外饭店出现在这里。

第五篇
北京居住民俗

> 民俗涉及民间文学、饮食、服饰、节日、信仰等内容，而居住也是民俗学的重要研究对象。这里我们要说的，就是发生在北京的居住民俗。

一、年节习俗的发生地

逢年过节，往往意味着家庭团圆。这时，庭院就成了年节习俗的主要发生地。有些习俗，直接与居住相关。

（一）一家之主是灶君

在民间信仰中，同门神一样，灶君（或称"灶神""灶王爷"）被认为是家庭安全的守护神。灶君还是一家之主，在人们心目中的地位比门神高。不过，大多数人家似乎只在腊月二十三日（或二十四日）才会想起灶王爷。

在老北京，如果是人丁兴旺的大家庭，要在家中贴灶君夫妇的神像画。在画中，灶君夫妇居中，两旁是"上天言好事，回宫降吉祥"的对联，横批为"一家之主"。灶君夫妇面前有供桌，供桌两旁各侍立一个童子，两人分别手持"善恶葫芦"。供桌前是四位神仙，他们分别掌管福、禄、寿、禧。如果户主是单身，则只能张贴灶王爷的神像画。

据《帝京岁时纪胜》记载，祭灶这一天"更尽时，家家祀灶，院内立杆，悬挂天灯。祭品则羹汤灶饭、糖瓜糖饼，饲神马以香糟炒豆水盂。男子罗拜，祝以遏恶扬善之词。妇女于内室，扫除炉灶，以净泥涂饰，谓曰挂

第五篇　北京居住民俗

袍，燃灯默拜"。老北京有句俗话："男不拜月，女不祭灶。"《日下旧闻考》记载："京师居民祀灶犹仍旧俗，禁妇女主祭。家无男子，或迎邻里代焉。其祀期用二十三日。惟南省客户，则用二十四日。"看来，妇女只有做好祭品、扫除炉灶的义务，却没有祭灶的权利，只能在心里默默地祭拜贴在墙上的"一家之主"。

之所以把灶王爷伺候得这么周到，无非是为了让他在天上汇报工作时，好话多说，坏话少说，不该说的不说。因此，为灶王爷准备的贡品中少不了甜食，如糖饼。

灶王爷酒足饭饱，满嘴涂蜜，借着一把香火上天了。当然，玉皇大帝也不糊涂，还要"稽善恶"。腊月二十五这天，玉皇大帝降落凡间，亲自核实灶王爷的汇报是否属实，然后再决定是否"降之祸福"。所以，到了这天，各家各户都严阵以待，"谨起居，慎言语，戒饬小儿毋得詈骂恶言，恐招不祥。"过了二十五就是"乱岁"。《帝京岁时纪胜》记载："廿五日至除夕传为乱岁日。因灶神已上天，除夕方旋驾，诸凶煞俱不用事，多于此五日内婚嫁，谓之百无禁忌。"大年初一，在香火缭绕中，灶王爷又回到自己的岗位，承担"下地保平安"的职责。过去，崇文门外有灶君庙，每年八月初一到初三，适逢灶王爷诞日，人们纷纷前往祭祀。

（二）二十四，扫房日

扫房又称"扫年"。老北京童谣中说"二十四，扫房日"，但也不尽然。一种说法是，从腊月十五日到二十三日，要选择"宜扫舍"的吉日打扫房屋。据说，这么做的原因是"不能让灶王爷顶着土上天"。

此时，走街串巷的小贩开始卖扫房用的大鸡毛掸子。家里的顶棚、墙壁、地面、犄角旮旯都要清扫干净。旧年画、春联、挂钱等都要撕掉焚毁，墙壁要重新粉刷，窗纸也要换新的。

扫房以后，人们还要"择吉"洗澡、理发，并开始筹办年货——买酒肉、购香烛、买挂钱、选年画、挑爆竹——一切都是为了过年。

（三）贴在门上的"保安"

门神是民间信仰中的道教俗神，人们将其贴在门上，驱鬼祛凶，保护家庭安全。门神信仰历史悠久，成书于战国时代的《山海经》中就有关于神荼、郁垒二门神的记载。后来，唐代的开国大将秦琼、尉迟恭也成为门神，而且门神的服饰越发多样，有虎头盔，还有朝服等。

过年时，家家都要在门板上贴门神像。

《帝京岁时纪胜》上说，腊月初十以后，街上就有卖门神的。当然，北京也有专门的门神店。人们买到门神像后，于腊月三十贴在门上，明代刘若愚《酌中志》说这一天家家"门旁植桃符板、将军炭，贴门神"。

（四）春联

贴春联也是北京主要的岁时习俗。春联，又叫"宜春帖""桃符"。限于文化水平，一般人家要请人写春联，或者花钱买春联。据《燕京岁时记》记载，一入腊月，就有文人墨客"在市肆檐下，书写春联，以图润笔。祭灶之后，则渐次粘挂，千门万户，焕然一新"。这种文人多是落魄文人，他们通过写春联，挣几个钱过年关。一到年底，他们就贴出"书春""以文会友""换鹅"等招贴，吸引买春联的顾客。

关于春联的内容，北京官宦人家"多书'天恩春浩荡，文治日光华'十字。内城满洲宅子，尤比户皆然"。民间的春联往往是传统内容，如"新年纳余庆，佳节号长春""忠厚传家久，诗书继世长""天增岁月人增寿，春满乾坤福满门"等。

民间的春联，大红纸上写墨字，为以灰色调为主的宅院平添了几分喜庆。皇族较为特别，他们的春联写在白纸上。据《燕京岁时记》记载，"惟内廷及宗室王公等例用白纸，缘以红边蓝边，非宗室者不得擅用。"

（五）御"毒物"于门外

《酌中志》记载，端午节前后，有关方面会在皇宫里的门旁安放菖蒲、艾盆，在门上悬挂吊屏，吊屏上画着天师像或者仙人持剑降五毒的故事。吊屏要挂一个月，其作用类似于过年时的门神。《帝京岁时纪胜》记载:"五月朔,家家悬朱符,插蒲龙艾虎,窗牖贴红纸吉祥葫芦。"据《燕京岁时记》记载,有的人家把彩纸剪成各种各样的"葫芦",倒贴在门阑上,到端午节午时之后才揭下来。这一做法有避毒物的寓意。

这种节日仪式也可以简化:只在门上插菖蒲、艾,这种做法秉承了古时"艾虎蒲剑"的遗意。人们还要到市肆中买黄纸,并将其贴在自家中门上,黄纸上面或者盖有朱砂印记,或者绘有天师、钟馗画像,或者绘有五毒(蝎子、蛇之类的毒物)符咒,以此达到除害的目的。

二、夏日避暑

清末学者李慈铭在《越缦堂日记》中写

道：都中（即今北京）风物有"三可爱"，即"歌郎、冰桶、芦席棚"。其中，冰桶、芦席棚（即凉棚）是两种用来消暑降温的器物。

冰桶和凉棚并不是所有人家都用得起，穷人家往往是在窗户上覆一层冷布。与这三样相比，凉席、竹帘、竹床等避暑用品在全国各地都比较常见。

（一）三钱买得水晶山

冰桶是用来盛冰块的斗状木桶。提到冰桶，首先要说冬天里的活动——打冰。

冰块是老北京人夏日消暑的常用品之一。在机械制冰技术传来之前，北京人用的都是冰窖里储存的天然冰块。至晚在元代，北京就有凿"官冰"的活动。明清时期，在故宫护城河、北海、御河上凿冰成了常例。据《燕京岁时记》记载："冬至三九则冰坚，于夜内凿之，声如鏨石，曰打冰。三九以后，冰虽坚不能用矣。"

凿冰不只需要体力，还讲究技巧。技术娴熟的打冰匠不用计算，就能裁出外形方整的冰块。冰块被储藏在砖砌冰窖或土窖里。据《大清会典》记载，清代北京城里共有18座冰窖。其中，雪池冰窖（位于西城区雪池胡同）、恭俭冰窖（位于西城区恭俭五巷）是御用冰窖。

到了伏天，窖藏冰块就派上了用场。《燕京岁时记》记载："京师自暑伏日起至立秋日止，各衙门例有赐冰。届时由工部颁给冰票，自行领取，多寡不同，各有等差。"

置办了冰块，就把它们放在冰桶里，慢慢享用。冰桶一般用质地结实的花梨木或红木制成。过去，琉璃厂窑曾烧制过琉璃冰桶。

木制冰桶的四周有孔隙，可以散发凉气。冰桶内侧包锡，起隔热作用，也防止木板腐烂。桶内有一层笼屉式的隔板，冰块在隔板下，隔板上可以放置瓜果和酸梅汤。冰块融化，可以冰镇食物。

（二）消夏凉棚好，浑忘烈日烘

凉棚，又名天棚，是人们在院里搭设的遮阳器物。凉棚高悬于院落上方，除了能遮蔽阳光，还不影响通风透气。

每年农历三四月，富户、官署就开始搭建凉棚。凉棚有普通凉棚和高档凉棚之别。制作普通凉棚，在凉棚架上铺芦席即可。日照强烈时，把席子展开。晚上或下雨时，则把席子卷起来。凉棚东西两侧有遮檐，可以遮蔽太阳初升、西下时的阳光。凉棚的桄端装有"桄光"，即红色的圆形木板，上书"富贵平安"

等吉祥语。制作考究的高档凉棚装有挂檐。

上文中提到的芦席，主要产自今河北的保定、玉田等地。席子运到北京后，经席店加工，再进入棚铺。搭建凉棚骨架用的木料，则主要运自江西、福建、浙江等省。

秋后，气温降下来了。有的人家不动凉棚架子，而是把凉棚上的席子拆下来。来年入夏前，只需铺上席子即可。此举虽然省事儿，但留下了火灾隐患。民国时期，市政府曾下令，搭建凉棚的商户、住户添备太平水缸等，预防火灾，同时在秋后"勒限铺、住各户拆卸夏日凉棚，以免肇生火警"。

搭建凉棚，是门技术活。《天咫偶闻》中说"京师有三种手艺为外方所无"，其一就是"搭棚"。有条胡同叫"棚铺夹道"，因为道口有棚铺而得名。棚铺一般以夏天搭建凉棚为主要业务，其他季节则经营喜棚（又称酒棚）、丧棚、冰棚等业务。棚铺主要分布在鼓楼一带。

（三）寻常人家绿纱窗

传统相声《卖布头》里说，有的小贩卖上浆的布。这种布看起来挺厚实，实际上洗一水就不行了，只能做糊窗户用的冷布。可见，冷布的质量逊于一般的布。

老北京民居的窗户一般是支摘窗：支窗在上，可以支起来。摘窗在下，可以摘下来。夏天，将支窗支起来，可保证室内通风，同时把陈旧的窗户纸撕下来，换成纱或冷布。

冷布有"布"之名，却只是一种上过浆的粗纱。冷布之名从何而来呢？按照光绪《顺天府志》的说法，北京土著读"棂"为"冷"，而棂布"不密，有细孔，无他用处，惟入夏用以糊窗，故名"。所以，"冷布"当为"棍布"的讹传。

专门经营冷布业务的店铺，名为"冷布庄"。冷布庄多分布在打磨厂、北官园一带。据《北京市志稿》记载，当时北京全市"冷布庄只有三家，为仁义顺、兴盛祥、恒德昌。其每年购买线料共约百包以上，营业时期专在夏季"。

织造冷布是一种技术含量并不高的手艺，一般农户都能胜任。北京城里的冷布庄收购农户织造的冷布，然后染成绿色。冷布的质地比较粗劣，用一个夏天就不能用了，来年只能换新的。好在冷布价格低廉，即便是穷人也能买得起五六枚铜子一尺的冷布。

在今人看来，冰桶、凉棚、冷布都是避暑的土物件。虽然它们具有一定的优点，但制冷效果有限。在最热的时候，老北京居民只得"竹床露宿"。

三、冬日取暖

梁实秋说，他是在北平长大的。北平的冬天很冷，过中秋不久，家里就忙着过冬的准备，做"冬防"。阴历十月初一，屋里就要生火，煤球、硬煤、柴火都要早早打点。

（一）火炕

北京人睡炕的习惯由来已久。今天，在北京郊区的农家平房里还能见到火炕。为了开办农家乐，有的人家干脆把床改成了火炕。

金元时期，北京居民已普遍睡在火炕上。元人欧阳玄写道，"暖炕煤炉香豆熟"。这种情形一直延续到明清时期。每年一入冬，火炕就派上了用场。《水曹清暇录》记载："燕地苦寒，冬时比户皆卧热炕。"查慎行《人海记》记载："每年十一月初一日，宫中始烧暖炕，设围炉，旧谓之'开炉节'。"而《燕京岁时记》则称："京师居人例于十月初一日添设煤火，二月初一日撤火。"

普通人家为了控制薪炭的消耗，习惯把锅灶和炕连为一体。这样，做饭的同时也把火炕烧热了，一举两得。或许有人要问了，夏天怎么办呢？不要紧，到时把锅灶移到厢房或者平棚里就是了。

火炕也不是人人喜欢，明清之际就有一位说火炕不好的文人——彭孙贻。他是浙江海盐人，睡不惯火炕。

烧火炕存在煤气中毒的危险。清人阮葵生在《茶余客话》中称："京师火炕烧石炭，往往薰人中毒，多至死者。"此外，有些人贪恋火炕的温暖，昼夜不离其上，这样对身体健康肯定有所损害。

（二）火炉

除了火炕，室内取暖时，火炉的使用也非常广泛。《燕京岁时记》说，北京的"火炉系不灰木为之，白于矾石，轻暖坚固"。"不灰木"就是石棉，又称"锅盔木"。比较好的火炉为金属质地。《北京市志稿》转引《春明采风志》的记载说："炉中用其小者，矮而肥，谓之小胖小子。寒家以花盆乘（盛）之，小者茸之，省而耐久；近岁有薄铁做成者，轻而便。"此时，有了洋铁皮火炉。《北京市志稿·货殖志》记载，洋铁工专门打制火炉。每到寒冬，他们最为忙碌。虽然全市有洋铁店铺80多家，但他们仍旧"忙时工作，恒至深夜"，可见北京城里火炉使用之普遍。

对于流离失所者而言，寒冬就是对生存的考验。据著名相声表演艺术家高凤山回忆，他小时候当流浪儿，一到腊月的晚上，就躲到前门大街"都一处"饭馆房檐下趴炉膛——借炉灶的余温取暖。有时，炉灶里有火，把头发都烧焦了。

（三）燃料

火炕、火炉的热量，通常来自煤和木柴的燃烧。煤多产自北京西山门头沟矿区。取暖用煤有生煤和煤末之分。生煤最好，价格也最高。煤末价廉，人们将其与黄土、水掺和在一起，做成煤球（"摇煤球"），可供烧炕之用。

旧时，城里摇煤球用的黄土多取自正阳、顺承两门之间的梁家园，据说这里的土是真黄土，适合摇煤球。有人直接到煤铺买煤球。还有的人家在购买煤末之后，雇专门的工匠做煤球。

相声大师马三立说过传统相声《摇煤球》，其中说北京城"单有卖劳动力的，专管摇煤球。摇一百斤煤球啊一毛钱"。在老北京，干摇煤球这一行的，河北定兴人多，据说"定兴县，三种宝：摇煤、澡堂子带修脚"。穷人家连煤末、黄土也买不起，只能去捡煤核儿。另一位相声大师侯宝林，出身贫困，小时候就捡过煤核儿。

（四）糊窗户

作为防寒措施，糊窗户是必不可少的。

《燕京杂记》记载："燕地风沙无微不入，人家窗牖多糊纸以障之。冬日，又防寒气内侵，或易以高丽纸。"高丽纸，产自朝鲜，古已有之，是一种比较高档的纸张。次于高丽纸的窗户纸是产自山东聊城的东昌纸。窗户纸毕竟是一层纸，一戳就破。即便不戳，时间一长也会发黄变脆。

与窗户纸伴生的是装饰性的纸窗花。窗花属于剪纸艺术，所表现的内容既有小猫、小狗等小动物，也有"果老骑驴"等人物故事。窗花一般用红色毛边纸剪成。在岁末扫除之后，人们把它们贴在新换的白窗户纸上，颇具新年气息。

第六篇
北京居住文化拾遗

一、郊区农家院舍

讲北京居住文化，不能局限在旧城。旧城虽然集中了北京居住文化的精华，但郊区、远郊区的居住文化也不可忽视。

（一）京郊古村落

爨底下、灵水村等京郊古村落，为"久在樊笼里"的市民提供了"复得返自然"的机会，也为在城市化进程中加速消失的北京民俗提供了容身之地。

1. 爨底下村

该村位于门头沟区斋堂镇，2003年成为中国首批历史文化名村之一。爨底下村始建于明代，已有400余年历史。村落依山而建，坐北朝南。村中，民居以村北的山包为轴心，呈扇面形向下延展。据说，爨底下的选址符合传统风水的各项标准，呈现出冠带之水绕村而流，明堂高阔，因风得水，藏风聚气的理想风水格局。

这里的民居以清代四合院为主体，可分为山地式、双店式、店铺式三大类。整个村子现存院落76个，共656间房。

爨底下村民居的建筑样式以硬山清水脊、板瓦石望板为基本特征。民居的石雕、砖雕、木雕内容丰富，手法精良。

2. 灵水村

该村位于门头沟区斋堂镇西北，2005年

入选了第二批中国历史文化名村。

村内有一座据说始建于汉代的灵泉禅寺（原名瑞灵寺），现存山门、影壁和一座汉白玉须弥碑座。南海火龙王庙、古戏台和天仙圣母庙都是区级文物保护单位。村内现有明代民居20余间、清代民居100余间。

明清时期，灵水村曾繁盛一时。当时，这里不仅有三元堂、荣德泰等商号，还出过2名进士、22名举人和10多名国子监监生，所以有"灵水举人村"的美誉。村里现存19处举人宅院。

3. 琉璃渠村

该村位于门头沟区龙泉镇，2007年入选了第三批中国历史文化名村。该村被誉为"中国皇家琉璃之乡"，具有传承千年的琉璃烧造产业文化。村内虽然有两进琉璃厂商的宅院和数十座清代民居院落，但从总体上看，其民居建筑以近代风格为主，历史建筑数量较少。

4. 焦庄户村

该村位于顺义区龙湾屯镇东北，2010年入选第五批中国历史文化名村，具有鲜明的革命文化色彩。

该村形成于明代，村民以焦姓为主，故名。抗战时期，此地属于冀东敌后抗日根据地。当时，以焦庄户为中心，形成了辐射周边的地道防御体系。焦庄户村曾被誉为"人民第一堡垒"，现为全国地道保存得最完好的地方。村内建有北京焦庄户地道战遗址纪念馆，2013年该馆被评为全国重点文物保护单位。

5. 水峪村

该村位于房山区南窖乡，2012年被列入第一批中国传统村落名录。村子形成于元末明初，当时来自山西的移民落脚此地，繁衍至今。村内有一株树龄约 600 年的古槐。

古宅、古碾、古中幡并称水峪村的"三绝"。全村依山而建，至今保留了以杨家大院为代表的 100 余座明清院落。"南窖水峪中幡"被列入北京市级非物质文化遗产名录。全村 128 盘石碾也是一大特色，曾入选上海大世界吉尼斯"中国收藏之最"。

（二）民国时期北京郊区的居住调查

在中国高等教育史上，燕京大学较早设置了社会学系。社会学的教学和研究，离不开社会调查与社区研究。于是，燕大师生在郊区完成了一系列乡村社会调查，写成了报告与论著。根据这些材料，我们可以了解 20 世纪上半叶北京郊区（尤其是西郊）的乡村居住情况。

1. 挂甲屯——20世纪20年代郊区的居住

1927年，中华教育文化基金董事会社会调查部和燕大社会学系师生对挂甲屯的100户家庭（共400多人）进行调查。此后，他们在调查的基础上，出版了《北平郊外之乡村家庭》一书，据说"本调查对于村民住屋之间数及内容颇为注意"。

挂甲屯村位于燕大西侧，周围有西苑兵营、颐和园。村内有油盐店、煤铺各一家，小杂货铺和小药店各两家。村民主要是工匠（编席者最多）、车夫、仆役及政府机关的差役，从事农耕的村民很少。

村中绝大多数家庭的住房在4间以下。三分之一的家庭是独门独户，其中大部分为自有房产。五分之一的家庭是两户同住。其余的家庭为3户以上同住一院，甚至有10户住一院的情况。不过，村内空房很多，100户人家中有14家对外出租房屋。

挂甲屯村共有住房246间。其中，最好的是瓦房，最差的是土顶房。100户中住瓦房的有45户。绝大多数人家都有院墙，院墙有砖墙、石墙、土墙、篱笆墙之分。就装修而言，100户家庭中室内地面铺有地面砖的只有23家，其余的都是土地面。另外，有74家装了玻璃。

2. 黄土北店村——20世纪30年代郊区的居住

1932年5月，燕大社会学系学生万树庸完成了题为《黄土北店村的研究》的毕业论文。

黄土北店村位于德胜门外，全村面积为7340余亩。除了耕地、坟地，居住区占地

258 亩。

全村有 276 家，共 1373 人。村内有房屋 1399 间，包括 36 间庙宇和 1363 间住宅。在住宅中，土房最多，有 1244 间，瓦房只有 119 间。这些房屋大部分是住户私有的，租住别人房屋的只有 48 家。平均下来，每家约有 5 间住房，最多的一家有 11 间。

房间有大有小，其中正房较大，内部设有专门的佛堂，佛像供在佛堂上。佛堂右边是接待客人的长炕，左边是家长的卧室，内有火炕。

没有佛堂的家庭，通常只有一间房子。这时，主人会在墙上贴一张佛像，代替佛堂。此外，饮食、起居、待客都在这一间房子里。锅灶和火炕连在一起，所以冬天不必专门烧火暖炕。到了夏天，室外就成了做饭的地方。

家境宽裕的人家生火做饭都用煤球。烧不起煤球的人家只能烧庄稼秆。

3. 前八家 ——20 世纪 40 年代郊区的居住

20 世纪 40 年代初，燕京大学社会学系以前八家村为对象，进行社会调查。1941 年 5 月，学生韩光远在黄迪教授的指导下，撰写了学位论文 ——《平郊村一个农家的个案研究》。这个平郊村，就是今海淀区海淀镇东北 4 千米处的前八家。文中介绍了前八家某户赵姓人家的居住情况。

这户赵姓人家的户主，是前八家村第三甲的甲长。全家有 8 口人，种着 120 多亩耕地，其中十分之九的耕地都是租来的。赵家的家境虽然不是十分富裕，但在前八家村是第三富户。

赵家的耕地分布在自家院落周围。宅基地和晒场占地约 4 亩，由篱笆墙围着。大门比较简陋，用木棒和铁丝制成。西门口有一间土屋，住的是长工。院落南部有白薯坑、萝卜窖子、猪圈等。

内院在院子东北角，与东侧篱笆墙之间有空地。原先，主人用木棍将这一空地围成猪圈，后来改放杂物。内院西边有赵家祖坟一座，再往西就是耕地。内院有大小房屋9间，赵家在此历经三代，共90多年。其中，正房共3间，明间住着家长和幼子，家中较好的家具（如长案、橱子等）都在这里。暗间住的是次子一家，屋里陈设简陋，只有土炕、被褥、锅台。正房左右各有一间耳房。东耳房住着长子一家，室内只有一条长案和洗漱用品。西耳房是仓房，全家的粮食基本上储藏在这里。

内院西侧有两间厢房，分别是马棚、储藏室。东边也有两间厢房，均无房门，里边各有

第六篇 北京居住文化拾遗

一个大炕。东厢房不住人，用于存放水缸、饭桌、农具等。天热时，主人也在东厢房做饭。

正房和耳房的装修相对好一些，窗户的面积很大。东西厢房和土屋的装修比较简陋，窗子很小。

家里供着灶君、财神、仓神及马神。

二、别墅

别墅，古代又称"别业""别馆"，是房主在已有住宅的基础上另建的独户住宅。别墅多在城郊或风景区中，供游憩之用。

据现有文献，北京地区别墅的历史开启于金代。到了元代，北京有不少别墅，比如万柳堂，其旧址在民国时期成了傅作义的别墅。中华人民共和国成立后，有关方面在此兴建了钓鱼台国宾馆。

明清时期，在北京旧城西北郊，从西直门至西湖（今昆明湖）的高粱河、金水河沿岸，以及海淀丹棱一带，成了别墅的集中分布地。明代，比较著名的别墅是李伟在海淀丹棱修筑的清华园和米万钟的勺园。

近代，北京西山的别墅建设进入高潮。军政要人、富商巨贾纷纷在香山建造别墅，如银行家周作民修建的芙蓉馆、梯云山馆，民国时期熊希龄修建的双清别墅等。

20世纪90年代初，北京地区迎来了别墅开发的新一轮热潮。1992年，北京首个外销别墅项目丽京花园在顺义面世。经过多年发展，目前的北京别墅市场日渐成熟，别墅的分布区域也从最初的温榆河畔、机场路附近，扩大到了海淀、昌平、通州、怀柔、大兴、密云等地。

如今，房地产市场上的别墅，并不限于已有住宅以外的独户住宅，而成为豪宅的代称，其建筑样式也从早期的单一风格变得多元化、个性化，出现了中式四合院、庄园式、西式等不同的别墅。名噪一时的"长城脚下的公社"就由12座别墅组成，其设计方案出自亚洲12位著名建筑师之手。2002年9月，这一别墅群获得意大利威尼斯双年展第八届国际建筑展"建筑艺术推动大奖"。

三、"吃瓦片"与"拉房纤"

北京的房屋出租史由来已久。清初文人施闰章在《施愚山集》中曾说，在京城当官的人"退则人自为庐，或僦居民舍，其力不给则旅食于荒祠客馆，以庶几无风雨忧"。古来就有"京城居，大不易"的说法。看来，即便是京官，也面临着住房难题。

民国著名记者徐凌霄在《旧都百话》中说，"大约自民国初年起，房东的预算，不是一年得租价二百元，十年得二千元。乃是第一二两年得四百元，三四两年得五百元，五六两年得六百元，七八两年得七百元，九十两年得八百元。这样十年便可得三千元。……所以民国十五年以前，可以说是北京有房产者的黄金时代。"看来，房屋出租一度成为京城房主一本万利的营生。

1928年，国都南迁，北京的经济因此大受影响，加上时局动荡，京城的房屋出租市场渐显萧条，出现了很多空房，房租的价位也就跌下来了。

关于老北京的房产交易，民国《旧都文物略》《旧京琐记》中都有如下记载："京人买房宅取租以为食者谓之吃瓦片……向日租房招帖，必附其下曰贵旗、贵教、贵天津免问。盖当时津人在京者犹不若近时之高尚，而旗籍、回教则人多有畏之者。"看来，在房产交易中存在着地域、身份和宗教"歧视"。

在房产交易中，有时买卖双方消息不灵通，所以就出现了专门沟通有无的"拉房纤的"。"拉房纤的"就是暗地里的中间人，专门帮交易双方租售房屋。当时，正规的房产经纪人必须有营业许可证，而拉房纤的并非"正规军"。他们全凭一张嘴、两条腿，四处打探消息，收取佣钱吃饭。三教九流都可以充当拉房纤的。

过去，拉房纤的分布在北京市内各区，有东城片、西城片、南城片。每片都有比较有权威的拉房纤的充当纤头，又叫"大拉纤的"。在纤头手下，有的人为他（她）打探房屋供求信息，有的人负责约期看房等。他们只是松散的利益集团，每个人都来去自由，不受很大的约束。买卖成交后，拉房纤的要按照"成三破二"的规则收取佣钱。佣钱占交易额的百分之五，其中买主出百分之三，卖家出百分之二，是为"成三破二"。

在拉房纤这一行中，昧良心挣黑钱的事时有发生。有的拉房纤的用谎言抬价、压价，有的以次充好，牟取暴利，因而民间流传着"十个纤，九个空，拉上一号就不轻"的说法。

中华人民共和国成立之初，政府加强了对民间房产交易的管理。1950 年 2 月，第一家房产交易所在东华门成立，原有的拉房纤行为被严厉取缔。

当然，规范的房屋中介业务是老百姓需要的。20 世纪八九十年代，北京举行了好几届换房大会，目的就是满足人们进行房产交易的需求。后来，房产中介行业逐渐兴旺起来。

四、房屋营造琐谈

盖房，首先要筹款，然后请教懂行的瓦匠、木匠，以便置办建材。《燕市积弊》中提到，瓦匠"只可做包工，万别叫他作'卯子'（自己的材料叫他做），一做'卯子活'，专能欺负外行"。原因在于，卯子活是按日计算工钱，不限工程进度。包工，则是根据工程量支付报酬。一旦做了卯子活，工匠就会磨洋工。当然，业主也担心工匠通过包料吃回扣，以次充好，所以要亲自操办建材购买事宜，或者托懂行的亲戚朋友购买建材。

（一）材料

《北京市志稿》记载："东窑在齐化门外，

现存十余家，南窑在永定门外。出品以东窑为良，南窑为逊。在砖、瓦、灰业入会者，一百九十余家，店员约六百人。别有麻刀铺，兼售砖、灰，其自胜芳、芦台、北台等处运来旧麻绳，市内工人切断、捶融出售。"这里提到了几种主要的建材及其出产地。

1. 砖瓦

砖瓦质量有高下之分。《北京市志稿》提到了齐化门外的东窑和永定门外的南窑。东窑的土质好，烧出来的砖瓦质量高。磨砖必须采用东窑的，瓦匠称之为"占得住活儿"。南窑的土质含沙多，烧出来的砖质量不佳，但价格便宜。这两家是京城较大的砖窑，中小规模的砖窑应该更多。砖窑烧制的大方砖、小方砖，可以用来墁地。还有大开条、小开条，专门用来砌墙。如果实在没钱，可以用碎砖和城砖盖房。

北京城有三宝，其一是"烂砖头垒墙墙不倒"。泥瓦匠用碎砖砌墙的技术是京城一绝。靠近圆明园的西郊住户，盖房时可以用园子被焚后残留的砖瓦。这些砖瓦质地很好，可以向园子的管理方购买。

明清皇家用的贡砖，多产自山东临清等地。《明史·食货志》记载，"烧造之事，在外临清砖厂，京师琉璃、黑窑厂，皆造砖瓦，以供营缮。"临清砖经过质检，用黄纸包起来，由漕船运到北京，所以有"漂来的北京城"的说法。据说，临清砖主要用于皇宫宫殿基址和墙垣的营建，铺地用的方砖则在江南烧制而成。

起先，瓦件由瓦窑专门烧制，砖窑不烧瓦。较大的瓦窑在东直门外。北京四郊也有一些小瓦窑，可以满足普通居民盖房的需求。后来，机器窑厂逐渐取代了瓦窑。

2. 木料

城里盖房，制作柁、檩、梁的木材可以到山货店里购买。老讲究是"松木柁，榆木檩，柏木柱子，杉木椽子，西路钉子"。民国时期，和平门外虎坊桥大街路南的东森生料板厂经销国内外原木、木板，前门外香厂路的大林木行专门销售木料、机器板、三合板等。穷人家只能零打碎敲，东拼西凑，甚至购买从坟地拆出来的板材。

3. 石材

普通民房对石料的需求不多，一般是用"虎皮石"（即不规则的青石块）垒墙，用规整的条石垒台阶。北京附近多山，石材丰富。房山、密云等地产石材多销往北京城郊。上好的阶条石要"青石白渣"，这种石料多产自西山，以琉璃河的最为著名。

4. 石灰

在水泥（时称"洋灰"）还不流行的时代，砖瓦的黏合、外墙的装饰主要靠石灰。石灰主要产自西山，三家店、周口店、门头沟等地的窑厂都能烧，灰峪和大灰厂等石灰窑产的最著名。

石灰有青有白。白灰用来砸地基、砌墙，或者掺在土里，用于抹墙、抹屋顶。青灰，是黑色的（老北京土语中把"黑色"说成"青色"），性质比较黏，可以掺在白灰里涂抹屋顶及墙壁的黑色部分。至于洋灰，主要来自唐山的启新洋灰公司。

5. 麻刀

或称"麻捣"。抹墙壁前，需要在灰浆中掺入麻刀，其多用麻、稻草等纤维丰富的东西制作。很早以前，北京民居的建造过程中就出现了麻刀。元代《析津志》、明代《长安客话》中均提到了麻刀。民国《北京市志稿》也有关于麻刀铺的记载。时至今日，无论是在古建筑的修复中，还是在现代建筑的修建中，麻刀的应用仍旧比较普遍。

6. 席箔

盖房还要用到席箔。城里有专门的席店，集中分布在彰仪门大街上。席箔产自水乡。在那里，席贩把席箔装船，将其运到琉璃河、黄土坡，再上岸，装车，直达席店。郊区农户的土房，一般不用席箔，而是用秫秸箔、苇箔。早些时候，北京郊区有不少塘泊池沼，大都出产芦苇，这种材料可以用于编织席箔。

7. 五金

盖房少不了钉子、锤子等小五金。光绪年间，北京有打磨厂隆泉和、崇文门外大街同泰成等五金作坊。据《北京市志稿·货殖志》记载，民国时期北京地区"外来之五金货品极感需要，各铁商为扩充营业计，亦相率运销外洋五金材料，并仿照上海改用五金行名称"。

8.建材地名

如今，以经营古旧书籍、笔墨纸砚著称的琉璃厂，在明代初年是官府烧造琉璃瓦件的窑厂。前八家这个村子，原来就有砖瓦窑。后来，建设北京城需要大量砖瓦，于是砖瓦窑规模扩大，带动了聚落的扩大，原来的两三户人家增加到八户，故有"八家"之名。

（二）工匠

在老北京，专门负责建筑打样的机构通称"木厂"或"样子房"。民国时期，木厂设计、施工都做，有的还兼营木器、家具、木材。木厂中有瓦匠、木匠、石匠、油漆匠等工种。

《北京市志稿》记载，民国时北京共有160多家木厂、2万多名工人。

夏仁虎在《旧京琐记》中说，民国"京师瓦木工人多京东之深、蓟州人，其规约颇严，凡属工徒皆有会馆，其总会曰九皇"。《北京市志稿》说，北京瓦匠来自当时蓟县、南宫两地的最多。匠人们早上起来，到茶社里聚集，等待木厂、雇主的雇佣。建新式房屋的匠人多来自南方的宁波、上海等地，他们当工头，大部分工人是北方人。

梁、柱、椽、檩、门窗出自专人之手。操办木材的人称"木匠"，用锯解木料的人叫"锯匠"，雕刻花纹的人叫"雕匠"，打杂的人称"小工""学徒"。

房屋的柱础、台阶、铺地石则由石匠分管。石匠分大石匠和细石匠两种，前者手艺粗疏，专理石料的剖断、磨錾、凿砌，后者则是精巧的技术工。雕梁画栋、椽头藻井的粉饰由油漆匠承担。

（三）装修

房屋主体结构完工后，经过装修才能入住。装修分为内檐装修和外檐装修。

1. 内檐装修和外檐装修

内檐装修是檐柱内的装修，即室内装修。说到室内装修，不能不提"四白落地"。清代《天咫偶闻》中说，京城的"裱褙之工，尤妙于裱饰屋宇，虽高堂巨厦，可以一日毕事。自承尘至四壁、前窗，无不斩然一白，谓之'四白落地'。其梁栋凹凸处，皆随形曲折，而纸之花纹平直处如一线，无少参差"。《燕京杂记》也有类似的记载。民国时期，这种技艺仍在流传。《北京市志稿·货殖志》说，"此类匠人（北京的裱糊匠）首重糊屋，北地多风尘，冬令糊房，亦一要务。工人之技亦精，虽甚破旧之屋，而入其室中，则承尘严洁，四白落地（此北京俗语，谓四壁也）。致致生光，皆糊匠力也"。可见，裱糊看似简单，实则是高超的技巧。

外檐装修即室外装修，是对室外门窗、栏杆和楣子的装饰和修饰。考古工作者曾在后英房元代居住遗址的东院发现了板门、格子门、直棂窗等外檐装修遗迹。

2.装修用料

内檐装修多用质地结实的木料。普通四合院的用料多为黄杨、楸木、椴木、红松等，讲究的四合院则是楠木、紫檀、花梨等贵重硬木。有的居室的装修为"折中风格"：以红松等软木为里，外表覆以硬木。皇家建筑或王府的用料则是最为名贵的金丝楠木。

纸张、油漆、玻璃之类，也属于装修用料。纸张售自纸铺。老北京的纸铺分为南纸铺、京纸铺。南纸铺所售纸张多为书画用纸，产自南方，质地优良。京纸铺销售的则是北京土产的各色染纸、秫秸、毛头账本儿等，质地较差，多用于装修。

土屋一般不用油漆、玻璃，这些材料都是有钱人家才能用得起的。漆有生漆、熟漆、笼罩漆、退光漆等种类。北京的油漆店大都是山西人开的，分布在前门外廊房头条、大栅栏、观音寺一带。近代以前，住户用玻璃的并不多。玻璃店多分布在前门外精忠庙一带。

后　记

10 多年前，我写了一本 23 万字的《"住"在北京：北京居住文化》。为了写这本书，我在图书馆里翻箱倒柜，在北京城内骑着自行车走街串巷，花了不少时间和精力。

现在，如果让我再写一本这样的书，资料肯定比十几年前丰富，但骑车逛胡同，体力肯定不支。而且，疫情当头，也不适合在北京城里东奔西跑。

写这本《北京居住文化简史》，更多的是吃老本。北京城的成长，日新月异。居住文化的内涵也一天比一天丰富。即便单写一本

《当代北京居住文化史》，从材料上看也是足够的。当然，如果写这样一本书，需要另起炉灶，没有三五年，恐怕拿不出来。

我曾指导学生，写了一篇有关清代乾隆朝官员住宅的硕士学位论文。通过这个实践可知，即便写一部断代专题性的《清代北京居住文化史》，要把事情讲明白，没有长年累月的研究，没有五六十万字的篇幅，肯定完不成。

20多万字的旧著，比上不足，比下有余。要是写《北京居住文化通史》，20多万字，只是一个起步。但是，对于一般读者而言，这个篇幅又嫌太多，读起来有些累。《北京居住文化简史》的写作是做减法，力求文字简洁，少一些论证，多一些平铺直叙。

特别需要说明的是，这本小书的写作，得到了中国人民大学学校社科项目的支持——

《北京城生命印记的 3D 数字呈现》（批准号：17XNQ025）。

简要说明如上，希望读者诸君批评指正。

丁超

2021 年 8 月 17 日